Stundenblätter

Joseph Roth
Hiob

Wilhelm Borcherding

Ernst Klett Verlag
Stuttgart · Leipzig

W0359539

Vorwort

Die Reihe **Stundenblätter** ist konzeptionell überarbeitet und den aktuellen Anforderungen an Ihre Unterrichtsvorbereitung angepasst worden. Sie bietet Ihnen zu ausgewählten Abiturlektüren ein komplettes Unterrichtsmodell, gegliedert in praktikable thematische Module.

Eingangs finden Sie **zwei Vorschläge für Ihre Unterrichtsgestaltung:** Die erste Übersicht zeigt einen maximalen Durchgang durch das Thema, die zweite Übersicht den verkürzten Durchgang, wenn die Zeit knapp ist.

Drei Kapitel bieten alles Nötige für das Gelingen Ihres Unterrichts.

1. Die **Kopiervorlagen** im ersten Teil sind sofort im Unterricht einsetzbar.

Mithilfe der Kopiervorlagen lässt sich der literarische Text vollständig und kompetenzorientiert erschließen. Kleine Schreibaufträge bereiten den Aufsatz vor.

Die Kopfzeile der Arbeitsblätter dient der schnellen Orientierung. Sie gibt das Thema des Moduls an und zeigt, ob die Kopiervorlage für den Unterrichtsgang notwendig ist (obligatorisch) oder der Ausweitung und Vertiefung dient (fakultativ).

Den Abschluss bilden **zwei Klausurvorschläge**. Die erste Klausur ist als Übungsklausur für Ihre Schülerinnen und Schüler gedacht, anhand derer diese gegebenenfalls noch einmal für den Ernstfall trainieren können. Für Sie als Lehrkraft gibt es einen Klausurvorschlag mit Bewertungsraster.

Sie können sich übrigens alle Kopiervorlagen auf www.klett.de (Eingabe des Online-Codes in das Suchfenster) als PDF oder als veränderbare Worddatei herunterladen. So haben Sie also die Möglichkeit, die Arbeitsblätter aus diesem Heft zu kopieren, sie als PDF auszudrucken oder aber die Word-Vorlage individuell den Bedürfnissen Ihrer Lerngruppe anzupassen.

2. Die **Analyse und Interpretation** des Originaltextes stellt im zweiten Teil die wichtigsten Interpretationsergebnisse schnell erfassbar dar und vermittelt Ihnen weiterführende Sachinformationen.

3. **Kommentare und Lösungen** finden Sie im dritten Teil.

Zu allen Modulen werden die Intention, Zielvorstellungen und Kompetenzerwartungen, Zeitbedarf sowie Hinweise zum Unterrichtsverlauf übersichtlich dargestellt.

Daran schließen sich ausführliche Lösungen und Erwartungshorizonte zu jeder Kopiervorlage an, so dass die Arbeitsergebnisse der Schüler leicht überprüfbar werden.

Wir wünschen Ihnen viel Erfolg in Ihrem Unterricht!

Inhalt

Vorwort 2
Inhalt 4
Übersicht über die Unterrichtseinheit (Maximalplan) 5
Übersicht über die Unterrichtseinheit (Minimalplan) 8

Kopiervorlagen 10

Modul I Zugänge

KV 1 Mögliche Romanskizze entwickeln (fakultativ) 10
KV 2 Mögliche Romaninhalte antizipieren (fakultativ) 11

Modul II Häusliche Lektürephase

KV 3 Inhaltsübersicht für den Roman anlegen 12
KV 4 Figurenkonstellation erfassen 13
KV 5 Leseeindrücke während der Lektüre festhalten 14

Modul III Sicherung des Primärverständnisses

KV 6 Textverständnis evaluieren (fakultativ) 15

Modul IV Historische, biografische und literaturgeschichtliche Kontexte

KV 7 Historischen Hintergrund recherchieren 16
KV 8 Biografie und Werkverzeichnis Joseph Roths erstellen 17
KV 9 Entstehungsbedingungen untersuchen und Autorintentionen erfassen 18
KV 10 Literaturgeschichtlichen Kontext recherchieren 19

Modul V Figurenkonstellation

KV 11 Mendel und Deborah Singer charakterisieren 20
KV 12 Mendel und Deborah Singers unterschiedliche religiöse Vorstellungen erkennen (fakultativ) 21
KV 13 Jonas und Schemarjah vergleichen 22
KV 14 Menuchim - ein Figurenbild aus verschiedenen Perspektiven zusammensetzen 23
KV 15 Mirjam Singer charakterisieren 24
KV 16 Deborah und Mirjam - Frauenrollen vergleichen und bewerten (fakultativ) 25

Modul VI Handlungsaufbau des Romans

KV 17 Zeitstruktur und Handlungsaufbau des Romans erarbeiten 26
KV 18 Funktion der Kapitel 13 und 15 visualisieren und erläutern 27

Modul VII Thematische Aspekte

KV 19 Vorstellungen zum Begriff Heimat entwickeln (fakultativ) 28
KV 20 Definition des Begriffs Heimat erarbeiten (fakultativ) 29
KV 21 Erfahrungen der Romanfiguren in Amerika beschreiben und deuten 30
KV 22 Mendels Erfahrungen in Amerika im soziologischen Kontext deuten 31
KV 23 Biblischen Kontext des Romans erarbeiten 32
KV 24 Mendels Verhältnis zu Gott erschließen 33

Inhalt

Modul VIII Formale Aspekte

KV 25 Sprachliche Gestaltung des Romans untersuchen 34
KV 26 Erzählweise Roths untersuchen 35

Modul IX Poetologische Konzepte/Gattungsfragen

KV 27 Poetologisches Konzept Roths erschließen 36
KV 28 Gattungsaspekte des Romans klären 37

Modul X Rezeption des Romans

KV 29 Wirkungsgeschichte des Romans und filmische Adaption recherchieren (fakultativ) 38
KV 30 Neuere Rezension des Romans analysieren 39
KV 31 Inszenierungsversuch des Romans erschließen und beurteilen (fakultativ) 40

Modul XI Wiederholen und Sichern

KV 32 Ein „Buddy-Book" erstellen (fakultativ) 41

Klausurvorschläge

Übungsklausur für Schüler 42
Klausurvorschlag für die Lehrkraft 45
Bewertungskriterien für die Lehrkraft 46

Analyse und Interpretation 48

Joseph Roth: Hiob 48

Kommentare und Lösungen 56

Modul I 56
Modul II 58
Modul III 60
Modul IV 62
Modul V 66
Modul VI 70
Modul VII 72
Modul VIII 76
Modul IX 80
Modul X 82
Modul XI 85

Übersicht über die Unterrichtseinheit (Maximalplan)

Modul	Thema	Material	Kompetenzen	Sozialform	Zeitbedarf
I	**Zugänge**	KV 1: Mögliche Romanskizze entwickeln (fakultativ)	- Inhalte und Themenkreise antizipieren	Unterrichtsgespräch Einzelarbeit Partnerarbeit	Doppelstunde (= 90 bzw. 120 min)
		KV 2: Mögliche Romaninhalte antizipieren (fakultativ)	- Bilder interpretieren		
II	**Häusliche Lektürephase**	KV 3: Inhaltsübersicht für den Roman anlegen	- Inhalte erfassen und darstellen - Inhaltsübersicht erarbeiten - Vorläufiges Verständnis erarbeiten - Informationen für ein Referat zusammenstellen	Einzelarbeit	14 Tage
		KV 4: Figurenkonstellation erfassen	- Figurenkonstellation grafisch darstellen		
		KV 5: Leseeindrücke während der Lektüre festhalten	- Fragen/Probleme erkennen und festhalten		
III	**Sicherung des Primärverständnisses**	KV 6: Textverständnis evaluieren (fakultativ)	- Inhalt wiedergeben - Formulierungen im Text wiederfinden - Fragen- und Problemkreise entwickeln	Einzelarbeit Unterrichtsgespräch Gruppenarbeit (Kartenabfrage)	1 Stunde (= 45 bzw. 60 min)
IV	**Historische, biografische und literaturgeschichtliche Kontexte**	KV 7: Historischen Hintergrund recherchieren	- Historische Zusammenhänge verstehen	Gruppenarbeit (Auswertung: Marktplatzlernen)	4 bzw. 3 Stunden (= 180 min)
		KV 8: Biografie und Werkverzeichnis Joseph Roths erstellen	- Einblick in Leben und Werk des Autors gewinnen		
		KV 9: Entstehungsbedingungen untersuchen und Autorintentionen erfassen	- Entstehungsbedingungen und Autorintentionen erschließen		
		KV 10: Literaturgeschichtlichen Kontext recherchieren	- Epochenbezüge ermitteln - Informative Texte verfassen - Lernplakate erstellen		

Bei den Zeitangaben ist berücksichtigt, dass in Schulen z.T. im 45-Minuten-Rhythmus (Einzelstunde), z.T. im 60-Minuten-Rhythmus (Einzelstunde) oder im 90-Minuten-Rhythmus (= Doppelstunde) unterrichtet wird.

Übersicht über die Unterrichtseinheit (Maximalplan)

Modul	Thema	Material	Kompetenzen	Sozialform	Zeitbedarf
V	**Figuren-konstellation**	KV 11: Mendel und Debarah Singer charakterisieren	- Figuren erschließen und charakterisieren - Figuren vergleichen - Frauenrollen erarbeiten	Unterrichts-gespräch	6 bzw. 5 Stunden (= 270 bzw. 300 min)
		KV 12: Mendel und Deborah Singers unterschiedliche religiöse Vorstellungen erkennen (fakultativ)		Arbeitsteilige Gruppen-arbeit	
		KV 13: Jonas und Schemarjah vergleichen			
		KV 14: Menuchim – ein Figuren-bild aus verschiedenen Perspek-tiven zusammensetzen			
		KV 15: Mirjam Singer charak-erisieren			
		KV 16: Deborah und Mirjam – Frauenrollen vergleichen und bewerten (fakultativ)			
VI	**Handlungs-aufbau des Romans**	KV 17: Zeitstruktur und Hand-lungsaufbau des Romans erarbeiten	- Handlungsstränge und Zeit-gestaltung erfassen	Partnerarbeit Unterrichts-gespräch	Doppel-stunde (= 90 bzw. 120 min)
		KV 18: Funktion der Kapitel 13 und 15 visualisieren und erläutern	- Höhe- und Wendepunkte der Handlung erfassen		
VII	**Thematische Aspekte**	KV 19: Vorstellungen zum Begriff Heimat entwickeln (fakultativ)	- Vorstellungen zu einem ab-strakten Begriff entwickeln	Gruppen-arbeit (Placemat-Verfahren)	6 bzw. 5 Stunden (= 270 bzw. 300 min)
		KV 20: Definition des Begriffs Heimat erarbeiten (fakultativ)	- Vorstellungen mit einem Lexikonartikel vergleichen und bewerten	Partnerarbeit Unterrichts-gespräch	
		KV 21: Erfahrungen der Roman-figuren in Amerika beschreiben und deuten	- Roman unter einem bestimmten Thema auswerten	Unterrichts-gespräch	
		KV 22: Mendels Erfahrungen in Amerika im soziologischen Kontext deuten	- Soziologischen Text in Bezie-hung zum Roman setzen	Unterrichts-gespräch Einzelarbeit	
		KV 23: Biblischen Kontext des Romans erarbeiten	- Biblischen Text in Beziehung setzen zum Roman	Partnerarbeit Unterrichts-gespräch	
		KV 24: Mendels Verhältnis zu Gott erschließen	- Erfahrungen einer Romanfigur deuten		

Modul	Thema	Material	Kompetenzen	Sozialform	Zeitbedarf
VIII	**Formale Aspekte**	KV 25: Sprachliche Gestaltung des Romans untersuchen	- Sprachliche Mittel untersuchen - Wirkung von rhetorischen Mitteln beschreiben	Partnerarbeit Unterrichtsgespräch	Doppelstunde (= 90 bzw. 120 min)
		KV 26: Erzählweise Roths untersuchen	- Erzählverhalten bestimmen - Wirkungen von erzähltechnischen Mitteln beschreiben		
IX	**Poetologische Konzepte/ Gattungsfragen**	KV 27: Poetologisches Konzept Roths erschließen	- Sachtexte erschließen und auf den Roman anwenden	Arbeitsteilige Gruppenarbeit (Auswertung: Kugellagermethode) Unterrichtsgespräch	Doppelstunde (= 90 bzw. 120 min)
		KV 28: Gattungsaspekte des Romans klären	- Ergebnisse (grafisch) aufbereiten und präsentieren		
X	**Rezeption des Romans**	KV 29: Wirkungsgeschichte des Romans und filmische Adaption recherchieren (fakultativ)	- Sachtexte erschließen und wiedergeben - Ergebnisse adressatenbezogen vorstellen	Gruppenarbeit	4 bzw. 3 Stunden (= 180 min)
		KV 30: Neuere Rezension des Romans analysieren	- Sachtext unterschließen - Kritische Stellungnahmen formulieren - Eigene Buchrezension schreiben	Einzelarbeit Unterrichtsgespräch	
		KV 31: Inszenierungsversuch des Romans erschließen und beurteilen (fakultativ)	- Rezension einer Theateraufführung des Romans untersuchen - Selbstständig Inszenierungskonzepte recherchieren und vorstellen	Gruppenarbeit	
XI	**Wiederholung und Sichern**	KV 32: Ein „Buddy-Book“ erstellen (fakultativ)	- Ergebnisse sichern - Erarbeitete Ergebnisse schriftlich zusammenfassen - Ergebnisse untereinander vergleichen und optimieren	Einzelarbeit Partnerarbeit	Doppelstunde (= 90 bzw. 120 min)

Übersicht über die Unterrichtseinheit (Minimalplan)

Modul	Thema	Material	Kompetenzen	Sozialform	Zeitbedarf
I	**Zugänge**	KV 2: Mögliche Romaninhalte antizipieren	- Inhalte und Themenkreise antizipieren - Bilder interpretieren	Unterrichtsgespräch Partnerarbeit	1 Stunde (= 45 bzw. 60 min)
II	**Häusliche Lektürephase**	KV 3: Inhaltsübersicht für den Roman anlegen	- Inhalte erfassen und darstellen - Inhaltsübersicht erarbeiten - Vorläufiges Verständnis erarbeiten - Informationen für ein Referat zusammenstellen	Einzelarbeit	14 Tage
		KV 4: Figurenkonstellation erfassen	- Figurenkonstellation grafisch darstellen		
		KV 5: Leseeindrücke während der Lektüre festhalten	- Fragen/Probleme erkennen und festhalten		
IV	**Historische, biografische und literaturgeschichtliche Kontexte**	KV 7: Historischen Hintergrund recherchieren	- Historische Zusammenhänge verstehen	Gruppenarbeit (Auswertung: Marktplatzlernen)	4 Stunden bzw. 3 Stunden (= 180 min)
		KV 8: Biografie und Werkverzeichnis Joseph Roths erstellen	- Einblick in Leben und Werk des Autors gewinnen		
		KV 9: Entstehungsbedingungen untersuchen und Autorintentionen erfassen	- Entstehungsbedingungen und Autorintentionen erschließen		
		KV 10: Literaturgeschichtlichen Kontext recherchieren	- Epochenbezüge ermitteln - Informative Texte verfassen - Lernplakate erstellen		
V	**Figurenkonstellation**	KV 11: Mendel und Debarah Singer charakterisieren	- Figuren erschließen und charakterisieren - Figuren vergleichen - Frauenrollen erarbeiten	Unterrichtsgespräch	4 bzw. 3 Stunden (= 180 min)
		KV 13: Jonas und Schemarjah vergleichen		Arbeitsteilige Gruppenarbeit	
		KV 14: Menuchim – ein Figurenbild aus verschiedenen Perspektiven zusammensetzen			
		KV 15: Mirjam Singer charakterisieren			
VI	**Handlungsaufbau des Romans**	KV 17: Zeitstruktur und Handlungsaufbau des Romans erarbeiten	- Handlungsstränge und Zeitgestaltung erfassen	Partnerarbeit Unterrichtsgespräch	Doppelstunde (= 90 bzw. 120 min)
		KV 18: Funktion der Kapitel 13 und 15 visualisieren und erläutern	- Höhe- und Wendepunkte der Handlung erfassen		

Modul	Thema	Material	Kompetenzen	Sozialform	Zeitbedarf
VII	**Thematische Aspekte**	KV 21: Erfahrungen der Romanfiguren in Amerika beschreiben und deuten	- Roman unter einem bestimmten Thema auswerten	Unterrichtsgespräch	4 bzw. 3 Stunden (= 180 min)
		KV 22: Mendels Erfahrungen in Amerika im soziologischen Kontext deuten	- Soziologischen Text in Beziehung zum Roman setzen	Unterrichtsgespräch Einzelarbeit	
		KV 23: Biblischen Kontext des Romans erarbeiten	- Biblischen Text in Beziehung setzen zum Roman	Partnerarbeit Unterrichtsgespräch	
		KV 24: Mendels Verhältnis zu Gott erschließen	- Erfahrungen einer Romanfigur deuten		
VIII	**Formale Aspekte**	KV 25: Sprachliche Gestaltung des Romans untersuchen	- Sprachliche Mittel untersuchen - Wirkung von rhetorischen Mitteln beschreiben	Partnerarbeit Unterrichtsgespräch	Doppelstunde (= 90 bzw. 120 min)
		KV 26: Erzählweise Roths untersuchen	- Erzählverhalten bestimmen - Wirkungen von erzähltechnischen Mitteln beschreiben		
IX	**Poetologische Konzepte/ Gattungsfragen**	KV 27: Poetologisches Konzept Roths erschließen	- Sachtexte erschließen und auf den Roman anwenden	Arbeitsteilige Gruppenarbeit (Auswertung: Kugellagermethode) Unterrichtsgespräch	Doppelstunde (= 90 bzw. 120 min)
		KV 28: Gattungsaspekte des Romans klären	- Ergebnisse (grafisch) aufbereiten und präsentieren		
X	**Rezeption des Romans**	KV 30: Neuere Rezension des Romans analysieren	- Sachtext untersuchen - Kritische Stellungnahmen formulieren - Eigene Buchrezension schreiben	Einzelarbeit Unterrichtsgespräch	4 bzw. 3 Stunden (= 180 min)

Bei den Zeitangaben ist berücksichtigt, dass in Schulen z.T. im 45-Minuten-Rhythmus (Einzelstunde), z.T. im 60-Minuten-Rhythmus (Einzelstunde) oder im 90-Minuten-Rhythmus (= Doppelstunde) unterrichtet wird.

Mögliche Romanskizze entwickeln

AMERIKA Armut ANGST Auswanderung
Bär Bauer BEHÖRDE Behinderung BREMEN
DEBORAH
Fahnenflucht *FUCHS* ***FREMDE*** ***FREUNDE***
GOTT Gazelle Geld GLAUBE **GLÜCK**
HEIMAT ***HIOB***
Kulturen Krieg **Krankheit** Krüppel
LIEBE Lust LEIDENSCHAFT
Menuchim *MIRJAM* ***MENDEL*** *Musik* ***MILITÄR***
NEW YORK
Prophezeiung
RELIGION RUSSLAND
SORGEN **SABBAT** **Soldat** **Schuld** Schicksal Schnee SAM Schiff
Trauer TOD Tötungsversuch
Vor vielen Jahren ... Vega VORURTEIL
WUNDER
ZUVERSICHT Zeichen ZORN ZWEIFEL

1 Lesen Sie die Einträge in der Schlagwortwolke genau und stellen Sie Verbindungen zwischen ihnen her.

2 Halten Sie Ihre Vorstellungen stichwortartig fest und gestalten Sie sie kurz zur Skizze einer Romanhandlung aus.

3 Entwerfen und formulieren Sie in wenigen Sätzen den Anfang und das Ende „Ihres“ Romans. Tauschen Sie sich abschließend kurz mit Ihren Mitschülerinnen/Mitschülern über die Romanskizze aus.

© Ernst Klett Verlag GmbH, Stuttgart 2013 | www.klett.de | ISBN 978-3-12-352483-7
Alle Rechte vorbehalten. Von dieser Druckvorlage ist die Vervielfältigung für den eigenen Unterrichtsgebrauch gestattet. Die Kopiergebühren sind abgegolten.

NAME:
DATUM / KURS:

Mögliche Romaninhalte antizipieren

I. Vision Amerika

1 Beschreiben Sie das Titelbild der Literaturzeitschrift (vgl. Materialienteil der Klett-Editionen, S. 148), indem Sie insbesondere auf den Titel eingehen.

2 Stellen Sie eine Verbindung zwischen dem Hintergrund und der Figur am rechten Bildrand im Vordergrund her.

II. Albrecht Dürer: Der arme Mann Hiob

1 Betrachten Sie das Gemälde von Albrecht Dürer für einige Minuten (vgl. Materialienteil der Klett-Editionen, S. 149).

2 Beschreiben Sie die dargestellte Szene. Beziehen Sie Ihr Wissen über den biblischen Hiob mit ein. Inwiefern könnte es sich um eine Verspottung des Mannes handeln?

3 Erläutern Sie, was Albrecht Dürer veranlasst haben könnte, diese Szene auszuwählen.

III. Der biblische Hiob

1 Lesen Sie den biblischen Text aus dem Buch Hiob (vgl. Materialienteil der Klett-Editionen, S. 150 f.).

2 Beschreiben Sie in wenigen Sätzen die materielle Situation Hiobs.

3 Analysieren Sie den Dialog zwischen dem HERRN und Satan.

4 Beurteilen Sie die Reaktion Hiobs auf die Maßnahmen Satans.

5 Erläutern Sie, worin die Stärken Hiobs lagen, die am Ende auch zu Hiobs Belohnung durch den HERRN führen.

© Ernst Klett Verlag GmbH, Stuttgart 2013 | www.klett.de | ISBN 978-3-12-352483-7
Alle Rechte vorbehalten. Von dieser Druckvorlage ist die Vervielfältigung für den eigenen Unterrichtsgebrauch gestattet. Die Kopiergebühren sind abgegolten.

NAME:

DATUM / KURS:

Inhaltsübersicht für den Roman anlegen

Sie haben Zeit, den Roman „Hiob“ von Joseph Roths vom ______________ bis zum _____________ zu lesen.

Muster für die Inhaltsübersicht

	Kapitel I, S. 3–12	Kapitel II, S. 12–18	Kapitel III, S. 18–28
Wer?	Mendel und Deborah Kinder ...		
Wann?	Vor vielen Jahren ... Tag im Hochsommer		
Wo?	Zuchnow (polnisch-russisches Grenzgebiet) ...		
Was?	Exposition: Vorstellung der Hauptfiguren Mendel/Deborah Geburt Menuchims 1. Lebensjahr Menuchims Fahrt zum Wunderrabbi Prophezeiung ...		

1 Erstellen Sie eine Inhaltsübersicht, nachdem Sie ein Kapitel gelesen haben. Benutzen Sie dazu das vorgegebene Muster.

2 Falls Ihnen die im Roman geschilderten religiösen Gebräuche unbekannt sind, schlagen Sie die Begriffe auf S. 172 ff. in den Klett-Editionen nach und/oder recherchieren Sie weiter im Internet unter
http://www.judentum-projekt.de/geschichte/ostjudentum/chassi/index.html
oder
http://www.israel-information.net/glossar/.

3 Die weibliche Hauptfigur des Romans ist eine Anhängerin des Chassidismus, einer religiösen Bewegung innerhalb des Judentums. Bereiten Sie ein Kurzreferat vor, das über diese Glaubensrichtung informiert.

© Ernst Klett Verlag GmbH, Stuttgart 2013 | www.klett.de | ISBN 978-3-12-352483-7
Alle Rechte vorbehalten. Von dieser Druckvorlage ist die Vervielfältigung für den eigenen Unterrichtsgebrauch gestattet. Die Kopiergebühren sind abgegolten.

NAME:

DATUM / KURS:

Figurenkonstellation erfassen

Soziales Umfeld in der Heimat

Russische Soldaten (Kosaken)

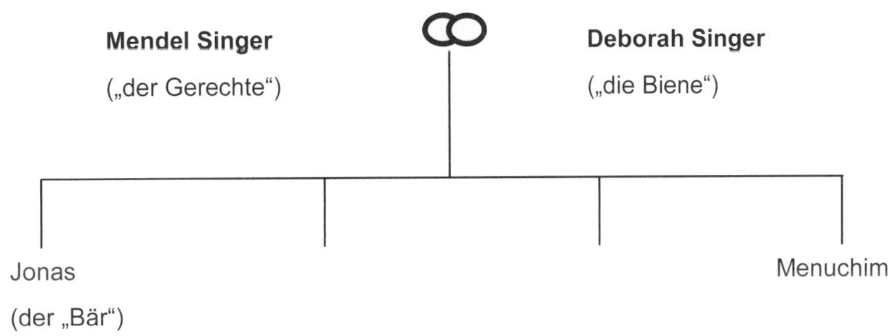

Soziales Umfeld in Amerika

Familie Skowronnek

1 Vervollständigen Sie nach Ihrer Romanlektüre die Figurenkonstellation.

2 Veranschaulichen Sie die Beziehungen durch entsprechende Symbole und Zeichen.

© Ernst Klett Verlag GmbH, Stuttgart 2013 | www.klett.de | ISBN 978-3-12-352483-7
Alle Rechte vorbehalten. Von dieser Druckvorlage ist die Vervielfältigung für den eigenen Unterrichtsgebrauch gestattet. Die Kopiergebühren sind abgegolten.

NAME:

DATUM / KURS:

Leseeindrücke während der Lektüre festhalten

An Joseph Roths Roman „Hiob. Roman eines einfachen Mannes“ aus dem Jahre 1930 …

… fand ich spannend und interessant:

… langweilte mich besonders:

Bei diesem Roman …

… habe ich folgende Formulierungen oder Sachverhalte nicht verstanden:

… möchte ich folgende Gesichtspunkte näher untersuchen:

1 Notieren Sie sich während der Lektüre oder nach deren Abschluss zu allen vier Punkten Ihre Eindrücke und Fragen.

2 Gewichten Sie in der letzten Rubrik Ihre Vorschläge zur Behandlung des Romans im Unterricht.

© Ernst Klett Verlag GmbH, Stuttgart 2013 | www.klett.de | ISBN 978-3-12-352483-7
Alle Rechte vorbehalten. Von dieser Druckvorlage ist die Vervielfältigung für den eigenen Unterrichtsgebrauch gestattet. Die Kopiergebühren sind abgegolten.

NAME:

DATUM / KURS:

Textverständnis evaluieren

I. Fragen zum Inhalt des Romans

1.	Beschreiben Sie kurz das Verhältnis Mendels zu seinen vier Kindern.
2.	Benennen Sie die Motive Mendels für eine Auswanderung nach Amerika.
3.	Skizzieren Sie die Vorstellungen Mendels vom Leben in Amerika vor der Übersiedlung.
4.	Beschreiben Sie in wenigen Sätzen die Entwicklung Menuchims.
5.	Beschreiben Sie die Reaktionen der jüdischen Minderheit gegenüber den Russen.
6.	Welche Berufswünsche äußert Jonas vor seinem Eintritt ins Militär?

II. Richtig oder falsch? Kreuzen Sie an.

		R	**F**
1.	Deborah verachtet ihren Mann, weil sie mit ihm unzufrieden ist.	☐	☐
2.	Mendels Interesse an seiner Frau kühlt sich zusehends ab.	☐	☐
3.	Mendel und Deborah denken oft an Menuchim und eine Heimkehr.	☐	☐
4.	Der Kriegsausbruch zerstört allein den familiären Zusammenhalt.	☐	☐
5.	Vega heiratet nach dem Tod von Sam (Schemarjah) Mr. Glück.	☐	☐
6.	Deborah ist das durchsetzungsfähigere Familienmitglied.	☐	☐
7.	Mirjams Beziehungen zu den Männern führen sie in den Wahnsinn.	☐	☐
8.	Der Roman enthält märchenhafte Elemente am Anfang und am Ende.	☐	☐

III. Wiederholungen und ähnliche Formulierungen

1.	Millionen Lerchen trillerten …	S. 16	S. ...
2.	Wenige beachteten ihn, manche bemerkten ihn gar nicht, …	S. 92	S. ...
3.	Aus, aus, aus ist es mit Mendel Singer, …	S. 109	S. ...
4.	Amerika ist das „Land Gottes“, …	S. 82	S. ...
5.	Manchmal ritt sie der Teufel (Deborah).	S. 4	S. ...

1 Überprüfen Sie Ihre Textkenntnis der Romanvorlage. Notieren Sie Ihre Antworten zu I. in wenigen Sätzen.

2 Kreuzen Sie bei II. an, ob die Aussage zutrifft oder nicht.

3 Bei III. tragen Sie die Seite ein, wo die Wiederholung oder die ähnliche Formulierung aufzufinden ist.

© Ernst Klett Verlag GmbH, Stuttgart 2013 | www.klett.de | ISBN 978-3-12-352483-7
Alle Rechte vorbehalten. Von dieser Druckvorlage ist die Vervielfältigung für den eigenen Unterrichtsgebrauch gestattet. Die Kopiergebühren sind abgegolten.

NAME:

DATUM / KURS:

Historischen Hintergrund recherchieren

1 Betrachten bzw. lesen Sie folgende Bilder und Texte in den Klett-Editionen genau:

Bild auf S. 158, Texte auf S. 160–162, 163–165, 166–167 und 168.

Recherchieren Sie gegebenenfalls im Internet unter: http://www.hagalil.com/galluth/russland/russia6.htm oder anderen (bildlichen) Quellen.

2 Erstellen Sie anschließend ein Lernplakat mit einem informativen Text. Dieser Text sollte folgende Gesichtspunkte enthalten:

A) Der Aufbau und die Bevölkerungsstruktur des Schtetl:

B) Das Zusammenleben der jüdischen Bewohner untereinander und mit den anderen Bevölkerungsgruppen:

C) Tätigkeitsbereiche der Bewohner:

D) Mentalität: Recht und Gesetz und das Verhältnis zur staatlichen Obrigkeit:

E) Mentalität: Moral und religiöse Vorstellungen:

F) Gründe für die Auswanderungswünsche der jungen Leute:

© Ernst Klett Verlag GmbH, Stuttgart 2013 | www.klett.de | ISBN 978-3-12-352483-7
Alle Rechte vorbehalten. Von dieser Druckvorlage ist die Vervielfältigung für den eigenen Unterrichtsgebrauch gestattet. Die Kopiergebühren sind abgegolten.

NAME:

DATUM / KURS:

Biografie und Werkverzeichnis Joseph Roths erstellen

	Biografie	**Werkverzeichnis**
02.09.1894	Moses Joseph Roth wird in Brody (Galizien) als Sohn jüdischer Eltern geboren.	
1901–1905	Besuch der Gemeindeschule	
1914–1916		Erste Veröffentlichungen
1916–1918		
1918–1920		
1920		Beiträge in Zeitungen
1925		
1926		
1927		Essay „Juden auf Wanderschaft“
1928		
1929		
1930		
1933		
27.05.1939	Tod im Hospital Necker in Paris	Erzählung „Die Legende vom heiligen Trinker“ erscheint

1 Informieren Sie sich über Leben und Werk Joseph Roths. Vervollständigen Sie diese Übersicht, indem Sie weitere biografische Daten eintragen und wichtige Werke und Schriften festhalten.

2 Stellen Sie Ihren Mitschülerinnen und Mitschülern kurz die bekanntesten Spätwerke (nach 1930) Roths („Radetzkymarsch“ u..a.) vor. Gehen Sie dabei insbesondere auf den Inhalt und den Schreibstil ein. Informationen finden Sie u. a. in Kindlers Neues Literatur Lexikon (KNLL).

3 Entwerfen Sie ein Lernplakat mit einem informativen Text.

Klett

© Ernst Klett Verlag GmbH, Stuttgart 2013 | www.klett.de | ISBN 978-3-12-352483-7
Alle Rechte vorbehalten. Von dieser Druckvorlage ist die Vervielfältigung für den eigenen Unterrichtsgebrauch gestattet. Die Kopiergebühren sind abgegolten.

NAME:

DATUM / KURS:

Entstehungsbedingungen untersuchen und Autorintentionen erfassen

Joseph Roth: Juden auf Wanderschaft (1927)

Viele wandern aus Trieb und ohne recht zu wissen, warum. Sie folgen einem unbestimmten Ruf der Fremde oder dem bestimmten eines arrivierten Verwandten, der Lust, die Welt zu sehen und der angeblichen Enge der Heimat zu entfliehen, dem Willen, zu wirken und ihre Kräfte gelten zu lassen.

Viele kehren zurück. Noch mehr bleiben unterwegs. Die Ostjuden haben nirgends eine Heimat, aber Gräber auf jedem Friedhof. Viele werden reich. Viele werden bedeutend. Viele werden schöpferisch in fremder Kultur. Viele verlieren sich und die Welt. Viele bleiben im Getto, und erst ihre Kinder verlassen es. […] Sie gaben sich auf. Sie verloren sich. […] Sie schlossen Kompromisse. […] Sie hatten sogar ein „Vaterland".

Es ist ein provisorisches Vaterland. […]

Solange aber die Juden noch in fremden Ländern leben, müssen sie für diese Länder leben und leider auch sterben. Ja, es gibt sogar Juden, die für diese Länder gerne leben und gerne sterben. Es gibt Ostjuden, welche sich an die Länder ihrer Wahl assimilieren und die Vorstellungen der einheimischen Bevölkerung von „Vaterland", „Pflicht", „Heldentod" und „Kriegsanleihe" vollkommen aufgenommen haben. […]

Aus: Joseph Roth: Juden auf Wanderschaft. Essay, Köln: Kiepenheuer und Witsch 2010, S. 13 ff.

Vom Autor Roth ist bekannt, dass er oft Formulierungen aus seinen dokumentarischen und sachlichen Reiseberichten und Essays in seine frühen Romane eingeflochten hat. Mit seinem Roman „Hiob" hat er jedoch neue Wege beschritten und ist von seiner bisherigen Schreibweise abgewichen:

„[…] zum ersten Mal … meine Melodie eine andere ist, als die der Neuen Sachlichkeit, die mich bekannt gemacht hat. – *(Joseph Roth in einem Brief vom 7.6.1930, zitiert nach David Bronsen: Joseph Roth. Eine Biographie, Köln 1974, S. 381)*

„[…] das Wesentliche für mich als Romanschriftsteller ist weder die Handlung noch die Gefühlsmomente, sondern der sprachliche Rhythmus. […] Im ‚Hiob' ist dies durch ‚la musique biblique' erreicht." – *(Joseph Roth in einem Interview im Juni 1934, zitiert nach David Bronsen, a. a. 0., S. 381)*

„Er nahm Motive des biblischen Mythos auf und schrieb in einer Sprache, die sich zwischen Legende und Märchen bewegt." *(Bernd Lutz/Benedikt Jeßning [Hrsg.]: Metzler Autoren Lexikon. S. 517. © 1986 J.B. Metzler'sche Verlagsbuchhandlung und Carl Ernst Poeschel Verlag GmbH in Stuttgart)*

1 Lesen Sie zunächst die Texte auf dieser Seite sowie den Text von Wilhelm von Sternburg: „Roth war ‚Hiob'" (vgl. Materialienteil der Klett-Editionen, S. 156).

2 Stellen Sie fest, welche Aussagen in den verschiedenen Texten sich den drei Bereichen unten zuordnen lassen.

A) Biografische Bezüge:

____

B) Literarisch-ästhetische Bezüge:

____

C) Politisch-gesellschaftliche Vorstellungen:

____

3 Nehmen Sie abschließend schriftlich Stellung zu Sternburgs These in Z. 25 f.: „[I]m ‚Hiob' spiegelt sich Roths eigenes Leben vielfach wider."

4 Erstellen Sie nach der Lektüre und der Analyse ein Lernplakat mit einem informativen Text.

Klett
© Ernst Klett Verlag GmbH, Stuttgart 2013 | www.klett.de | ISBN 978-3-12-352483-7
Alle Rechte vorbehalten. Von dieser Druckvorlage ist die Vervielfältigung für den eigenen Unterrichtsgebrauch gestattet. Die Kopiergebühren sind abgegolten.
NAME:
DATUM / KURS:

Literaturgeschichtlichen Kontext recherchieren

Joseph Roth wird in den meisten Autorenlexika (u. a. Kindlers Neues Literatur Lexikon und Metzler Autoren Lexikon) ausführlich gewürdigt, aber nur selten einer literaturgeschichtlichen Strömung zugeordnet. Seine zahlreichen Schaffensperioden (Frühwerk, bekannter „Star"-Journalist zum Ende der 1920er-Jahre, Spätwerk) mit sehr unterschiedlichen Schreibweisen und Intentionen ließen sich – so wird häufig argumentiert – selten eindeutig einer bestimmten Denk- und Schreibweise zuordnen. Wenn er überhaupt literaturgeschichtlich verortet wird, dann taucht sein Name im Umfeld der „Neuen Sachlichkeit" auf.

Wolf Wucherpfennig: Neue Sachlichkeit (2010)

In der Zeit zwischen der wirtschaftlichen Stabilisierung 1923/24 und der Weltwirtschaftskrise 1929/30 verändert sich das Grundgefühl der Epoche: Man erlebt die Herrschaft einer unpersönlichen, technisch planenden Sachlichkeit. Manche werten das positiv, fühlen sich unter dieser Herrschaft weniger entfremdet. Es findet sich eine verbreitete Neigung, die USA als Land des technischen Fortschritts zu verherrlichen, den selbstständigen Einzelmenschen in Gestalt des planenden Ingenieurs wiederauferstehen zu lassen und gesellschaftliche Probleme als eine Art lösbarer technischer Konstruktionsaufgabe zu betrachten. [...] Literarisch wichtiger wird die Neue Sachlichkeit erst, sobald sie zur desillusionierenden Beschreibung führt. Das geschieht in den letzten Jahren der Republik bei Hans Fallada und Irmgard Keun. Insgesamt folgt der Ekstase und dem Pathos des Expressionismus eine sachliche oder ironisch distanzierte Darstellungsweise. [...]

Aus: Wolf Wucherpfennig: Deutsche Literaturgeschichte. Von den Anfängen bis zur Gegenwart, Stuttgart/Leipzig: Ernst Klett Verlag 2010, S. 213

Das Jahr 1930, in dem sein Roman „Hiob" erscheint, wird in der Sekundärliteratur als das Jahr der Wende von Roths Schreibweise bezeichnet. Schon im Januar dieses Jahres verfasst er einen Artikel, in dem er sich scharf von der Neuen Sachlichkeit abwendet und von nun an seine persönlichen Probleme (u.a. eine schwerwiegende psychische Erkrankung seiner Frau) zum Thema seiner schriftstellerischen Bemühungen machen will.

Wolf Wucherpfennig: Dokumentarstil (2010)

Auf der politischen Linken und bei den Autoren, die von der Neuen Sachlichkeit beeinflusst sind, will man die Leser durch dokumentarische Züge von seiner politischen Auffassung oder von seiner technisch-sachlichen Haltung überzeugen. Theaterstücken und Romanen wird statistisches Material zugrunde gelegt. Sie nähern sich so der Reportage an, die in einzelnen Fällen zu einer eigenwertigen literarischen Gattung mit künstlerischem Anspruch aufsteigt [...]. Die zahlreichen Biografien und Geschichtsromane der Epoche bezeugen, wie sich dokumentarisches mit psychologischem Interesse verbindet.

Aus: Wolf Wucherpfennig: Deutsche Literaturgeschichte. Von den Anfängen bis zur Gegenwart, Stuttgart/Leipzig: Ernst Klett Verlag 2010, S. 218

1. Lesen Sie die einführenden Texte und die beiden Textauszüge aus einer Literaturgeschichte. Skizzieren Sie für Ihre Mitschülerinnen und Mitschüler die verschiedenen Schreibphasen Roths und die mit ihnen verbundenen Schreibweisen.
2. Informieren Sie sich in einer Literaturgeschichte bzw. im Internet zusätzlich über den literarischen Zeitstil der Neuen Sachlichkeit.
3. Erläutern und begründen Sie in wenigen Sätzen, warum es kaum möglich ist, Joseph Roth einer bestimmten literaturgeschichtlichen Epoche zuzuordnen.
4. Erstellen Sie abschließend ein Lernplakat mit einem informativen Text.

© Ernst Klett Verlag GmbH, Stuttgart 2013 | www.klett.de | ISBN 978-3-12-352483-7
Alle Rechte vorbehalten. Von dieser Druckvorlage ist die Vervielfältigung für den eigenen Unterrichtsgebrauch gestattet. Die Kopiergebühren sind abgegolten.

NAME:

DATUM / KURS:

Mendel und Deborah Singer charakterisieren

Info

Einer der wichtigsten Aspekte zum vertieften Verständnis eines literarischen Textes ist die **Charaktersierung** der Figuren. Der Autor verfügt über verschiedene Möglichkeiten:

1. **Direktes Charakterisieren** einer Figur durch den Erzähler, durch eine andere Figur oder durch den/die Handlungsträger selbst.
2. **Indirektes Charakterisieren** einer Figur durch eine Schreibweise, die dem Leser Einblicke und Rückschlüsse ermöglicht über
   - das äußere Erscheinungsbild
   - das äußere Verhalten
   - die innere Einstellung und
   - die Lebensumstände.

1 Tragen Sie für eine literarische Charakteristik die im Roman aufzufindenden Informationen zu den Ehepartnern Mendel und Deborah Singer zusammen. Belegen Sie Ihre Zitate durch Seitenangaben.

2 Analysieren und beschreiben Sie die Beziehung der Ehepartner zueinander. Was verbindet sie, was trennt sie?

Mendel Singer	Vergleichsaspekte	Deborah Singer
	Äußere Erscheinung: Alter Aussehen Kleidung, …	
	Das äußere Verhalten: Sprechweise Handeln, …	
	Die innere Einstellung: Wünsche und Ängste Interessen, …	
	Die Lebensumstände: Beruf, sozialer Status Soziales Umfeld, …	

© Ernst Klett Verlag GmbH, Stuttgart 2013 | www.klett.de | ISBN 978-3-12-352483-7
Alle Rechte vorbehalten. Von dieser Druckvorlage ist die Vervielfältigung für den eigenen Unterrichtsgebrauch gestattet. Die Kopiergebühren sind abgegolten.

NAME:

DATUM / KURS:

Mendel und Deborah Singers unterschiedliche religiöse Vorstellungen erkennen

1 Vergleichen Sie die religiösen Vorstellungen der Eheleute miteinander. Stellen Sie dazu die wichtigsten Äußerungen der Protagonisten und die Hinweise des Erzählers zusammen. Klären Sie die Bedeutung, die die unterschiedlichen Ansichten für das Zusammenleben der Eheleute haben. Belegen Sie Ihre Zitate durch Seitenangaben.

Die religiösen Ansichten Mendels	**Die religiösen Ansichten Deborahs**
Eingangsbeschreibung (S. 3 f.): „[Mendel] war fromm, gottesfürchtig und gewöhnlich, ein ganz alltäglicher Jude.“	Vor dem Besuch des Wunderrabbis (S. 10 f.): [Deborah] wagte nicht mehr Gott anzurufen, er schien ihr zu hoch, zu groß, zu weit, […].“
Mendel Singer vertritt die Vorstellungen der ______ ________________________________, die sich durch ________________________ ____________________ auszeichnen.	Deborah Singer vertritt die Vorstellungen der ______ ________________________________, die sich durch ________________________ ____________________ auszeichnen.

2 Zum Chassidismus Deborahs haben Sie schon ein Kurzreferat vorbereitet und können bei ihr die entsprechenden Einträge vornehmen. Zu Mendels religiösen Vorstellungen recherchieren Sie bitte im Internet unter:
http://www.hagalil.com/judentum/rabbi/fh-0711-5.htm oder
http://www.religion24.net/was-sind-orthodoxe-juden.html.

© Ernst Klett Verlag GmbH, Stuttgart 2013 | www.klett.de | ISBN 978-3-12-352483-7
Alle Rechte vorbehalten. Von dieser Druckvorlage ist die Vervielfältigung für den eigenen Unterrichtsgebrauch gestattet. Die Kopiergebühren sind abgegolten.

NAME:

DATUM / KURS:

Jonas und Schemarjah Singer vergleichen

Info

Mit dem **Vergleich von Figuren** eines Romans kann ein tieferes Verständnis der Figuren erreicht werden. Dazu sichtet man den Text unter bestimmten Vergleichsaspekten.

Vergleichsaspekte können sein:

- Erscheinungsbild und Rolle
- Persönlichkeit/Charakter
- Erziehung und Sozialisation
- Lebensentwürfe/Interessen
- Verhältnis zu anderen Menschen (Eltern, Nachbarn)

1 Vergleichen Sie die beiden Brüder miteinander mithilfe der genannten Vergleichsaspekte. Sie können auch weitere Aspekte hinzufügen. Belegen Sie Ihre Zitate durch Seitenangaben.

2 Analysieren und beschreiben Sie die Beziehung der beiden Brüder zueinander. Was verbindet sie, was trennt sie? Inwiefern ergänzen sie sich wechselseitig?

Vergleichsaspekte	Jonas (der Bär)	Schemarjah (Sam) (der Fuchs)
Erscheinungsbild/ Rolle:		
Persönlichkeit/ Charakter: Stärken: Schwächen:		
Lebensentwürfe/ Interessen: *Anpassung:* *Gelingen/Erfolg:*		
Erziehung/ Sozialisation:		
Verhältnis zu den Eltern, Nachbarn:		

Klett
© Ernst Klett Verlag GmbH, Stuttgart 2013 | www.klett.de | ISBN 978-3-12-352483-7
Alle Rechte vorbehalten. Von dieser Druckvorlage ist die Vervielfältigung für den eigenen Unterrichtsgebrauch gestattet. Die Kopiergebühren sind abgegolten.

NAME:

DATUM / KURS:

Menuchim Singer – ein Figurenbild aus verschiedenen Perspektiven zusammensetzen

1 Stellen Sie aus den verschiedenen Perspektiven die Figur des Menuchim Singer dar. Notieren Sie Textbelege.

Mendel Singer über seinen Sohn:

Deborah Singer über ihren Sohn:

MENUCHIM

Die Geschwister über ihren Bruder:

Die Billes/Mitglieder des Ensembles über Menuchim:

2 Verfassen Sie einen ausführlichen Lebenslauf aus der Sicht Menuchims selbst, in dem Sie den Text unten auf der Seite fortsetzen. (Weitere Aspekte könnten sein: Geschwister, Krankheitsgeschichte, Kindheit, Jugend, Ausbildung, Interessen und Hobbys, Leben bei den Billes, Erfolgsgeschichte als Musiker, …)

Lebenslauf Menuchims (Rollenbiografie)

Ich wurde als viertes und letztes Kind der Eheleute Mendel und Deborah Singer in Zuchnow geboren. Mein Vater …, meine Mutter ….

© Ernst Klett Verlag GmbH, Stuttgart 2013 | www.klett.de | ISBN 978-3-12-352483-7
Alle Rechte vorbehalten. Von dieser Druckvorlage ist die Vervielfältigung für den eigenen Unterrichtsgebrauch gestattet. Die Kopiergebühren sind abgegolten.

NAME:

DATUM / KURS:

Mirjam Singer charakterisieren

1 Mirjam wird schon auf S. 4 des Romans als Gazelle eingeführt. Halten Sie fest, welche Vorstellungen (Aussehen, Eigenschaften, Verhaltensweisen usw.) Sie mit der Gazelle verbinden.

Aussehen: ______________________

Gazelle

Eigenschaften: ______________________

2 Im vorstrukturierten Arbeitsblatt finden Sie zahlreiche Belegstellen, in denen der Erzähler Joseph Roths seinen Leserinnen und Lesern ein genaueres Bild von Mirjam vermittelt. Lesen Sie zunächst die genannten Textstellen und deuten Sie anschließend die Aussagen.

Textstellen zur Charakterisierung Mirjams	Angesprochene Aspekte	Deutung
S. 4, 14, 18 f., 19, 45 f., 49, 65, 66, 67, 84, 86, 143, …	Aussehen/(Auffällige) Kleidung:	
S. 14, 19, 49, 67, 83, …	Eigenschaften und Verhaltensweisen:	
S. 55 f., 67, 83, …	Lebensentwurf:	
S. 19 f., 48 f., 55 ff., 66, 67 f., 84, 94, 100, 105, …	Verhältnis zu den Männern und zur Sexualität:	
S. 18, 19, 57, 66, …	Religion und Gesellschaft:	
S. 56, 66 f., …	Verhältnis zu ihren Eltern:	
S. 55, 57, 67, 144, …	Gesundheit und Glücksanspruch:	
Zur Aktualität der Figur Mirjams:		

3 Fassen Sie Ihre Ergebnisse zusammen, indem Sie Mirjam schriftlich charakterisieren.

© Ernst Klett Verlag GmbH, Stuttgart 2013 | www.klett.de | ISBN 978-3-12-352483-7
Alle Rechte vorbehalten. Von dieser Druckvorlage ist die Vervielfältigung für den eigenen Unterrichtsgebrauch gestattet. Die Kopiergebühren sind abgegolten.

NAME:

DATUM / KURS:

Deborah und Mirjam – Frauenrollen vergleichen und bewerten

1 Analysieren Sie die Rolle der beiden Frauen unter den vorgegebenen Aspekten. Suchen Sie dazu die entsprechenden Belege im Text.

2 Fassen Sie Ihre Ergebnisse abschließend stichwortartig zusammen.

	Deborah	**Mirjam**
Stellung zum jüdischen Glauben:	Anhängerin des Chassidismus: Keine überaus strenge Einhaltung der jüdischen Gesetze, sondern Lebensnähe (S. 8, …)	Missachtung der überlieferten religiösen Vorstellungen: „Künderin der Lust" (S. 19, …)
Rollenzwänge durch gesellschaftliche Konventionen:	Repräsentantin der ostjüdischen Frau. Gute Ehefrau und Mutter	
Das Verhältnis zum anderen Geschlecht:		
Selbstbestimmung versus Fremdbestimmung:		
Fazit:	Kontrastfigur zu …	Kontrastfigur zu …

© Ernst Klett Verlag GmbH, Stuttgart 2013 | www.klett.de | ISBN 978-3-12-352483-7
Alle Rechte vorbehalten. Von dieser Druckvorlage ist die Vervielfältigung für den eigenen Unterrichtsgebrauch gestattet. Die Kopiergebühren sind abgegolten.

NAME:
DATUM / KURS:

Zeitstruktur und Handlungsaufbau des Romans erarbeiten

Erster Teil: Das Leben in der Heimat: Galizien

Kap. 1 **Kap. 2**	Familiäre Situation der Familie Singer, die Geburt Menuchims
	Zeitsprung: „10 Jahre waren vergangen, seitdem …“ (S. 18)
Kap. 3 **Kap. 4** **Kap. 5**	Rückblende: Deborah erinnert sich an Mirjams „Sturm“ in die orthodoxe Kirche (S. 18 f.)
	Zeitsprung: „Also verrannen die Jahre.“ (S. 39) **„An einem Nachmittag im Spätsommer …“ (S. 40)**
Kap. 6 **Kap. 7** **Kap. 8**	
Kap. 9	**Übergangskapitel:**

Zweiter Teil: Das Leben in der Fremde: Amerika

Kap. 10 **Kap. 11** **Kap. 12** **Kap. 13** **Kap. 14**	 Das „Hiob“-Kapitel
	Zeitsprung: „Eines Tages war der Krieg wirklich zu Ende.“ (S. 120)
Kap. 15 **Kap. 16**	Das „Wunder“-Kapitel Rückblende: Die „Lebensgeschichte“ des Menuchim Singer (S. 136 ff.) Rückblende: Fotografie: Menuchims Familie (S. 145 f.)

1 Erarbeiten Sie die Zeitstruktur und den Handlungsaufbau des Romans, indem Sie das vorstrukturierte Arbeitsblatt durch Angaben zum Inhalt vervollständigen.

© Ernst Klett Verlag GmbH, Stuttgart 2013 | www.klett.de | ISBN 978-3-12-352483-7
Alle Rechte vorbehalten. Von dieser Druckvorlage ist die Vervielfältigung für den eigenen Unterrichtsgebrauch gestattet. Die Kopiergebühren sind abgegolten.

NAME:

DATUM / KURS:

Funktion der Kapitel 13 und 15 visualisieren und erläutern

1 Verfolgen Sie in den verschiedenen Kapiteln Mendels Phasen der Depression wegen der erlittenen Schicksalsschläge (Kennzeichen: ★), der damit einhergehenden Leiderfahrung (Kennzeichen: ✸), die Schuldkomplexe Mendels (Kennzeichen: □) und sein Vertrauen auf Gott (Kennzeichen: ○). Verbinden Sie anschließend die Koordinaten mit einer Linie („Fieberkurve").

2 Nach der Fertigstellung dieser Übersicht schauen Sie sich bitte das Kapitel 13 und das Kapitel 15 genauer an. Erläutern Sie die Bedeutung dieser Kapitel für das gesamte Handlungsgeschehen.

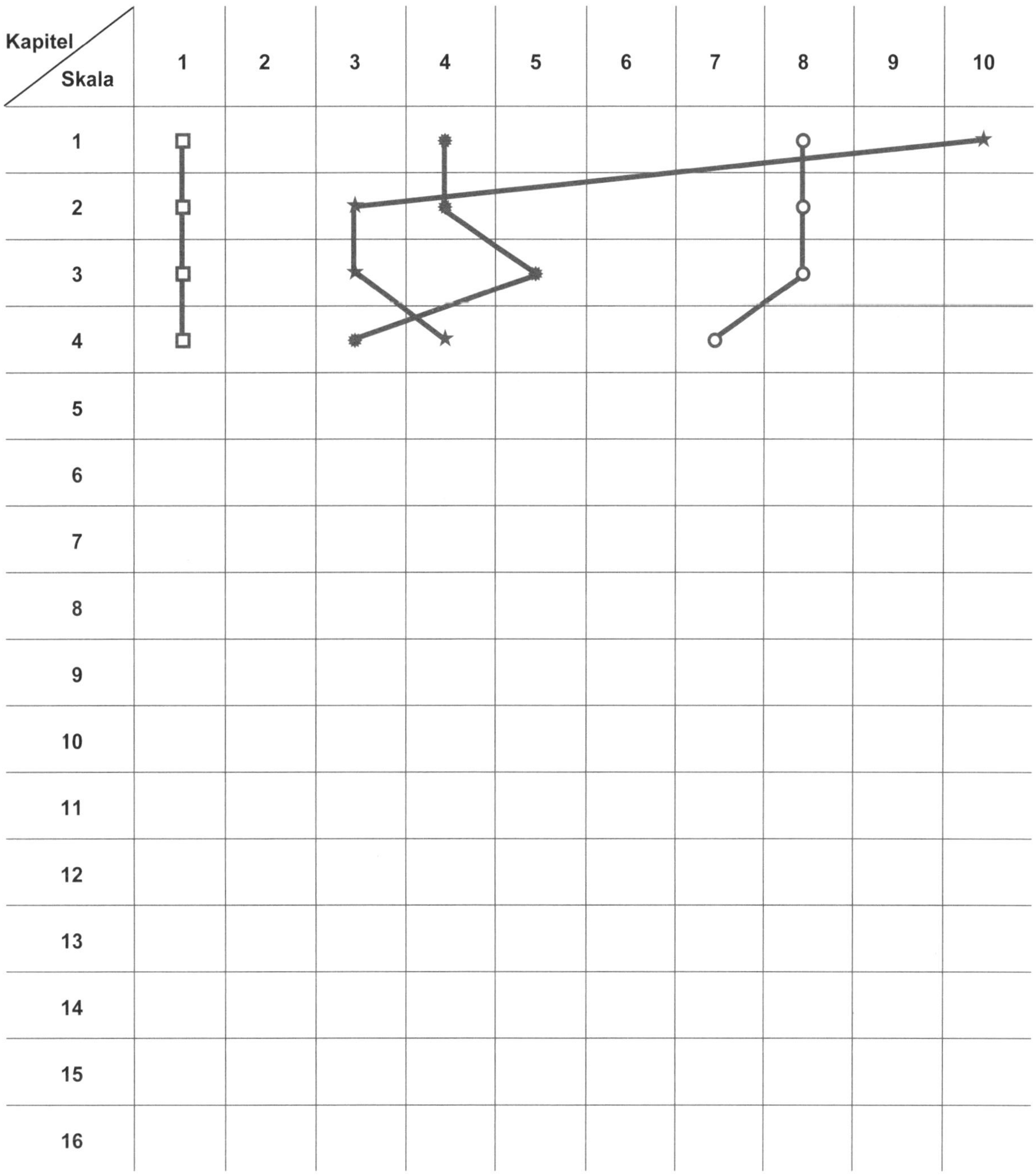

© Ernst Klett Verlag GmbH, Stuttgart 2013 | www.klett.de | ISBN 978-3-12-352483-7
Alle Rechte vorbehalten. Von dieser Druckvorlage ist die Vervielfältigung für den eigenen Unterrichtsgebrauch gestattet. Die Kopiergebühren sind abgegolten.

NAME:

DATUM / KURS:

Vorstellungen zum Begriff „Heimat“ entwickeln

1 Bei der Placemat-Methode geht es darum, dass Sie Ihre Vorstellungen über einen komplexen Sachverhalt austauschen. Versammeln Sie sich in 6er-Gruppen um ein Placemat herum und notieren Sie in Ihrem Abschnitt Ihre Gedanken zum Thema „Heimat“ (ca. 5–8 Minuten), danach tauschen Sie sich über Ihre Einträge aus (ca. 5–8 Minuten). Nach der Diskussion entscheiden Sie, welche Einträge (ca. 4–6) Sie in der Mitte vornehmen wollen. Fixieren Sie Ihre gemeinsamen Überlegungen (ca. 15 Minuten). Abschließend präsentieren alle Gruppen ihre Gruppenergebnisse den anderen Kursmitgliedern.

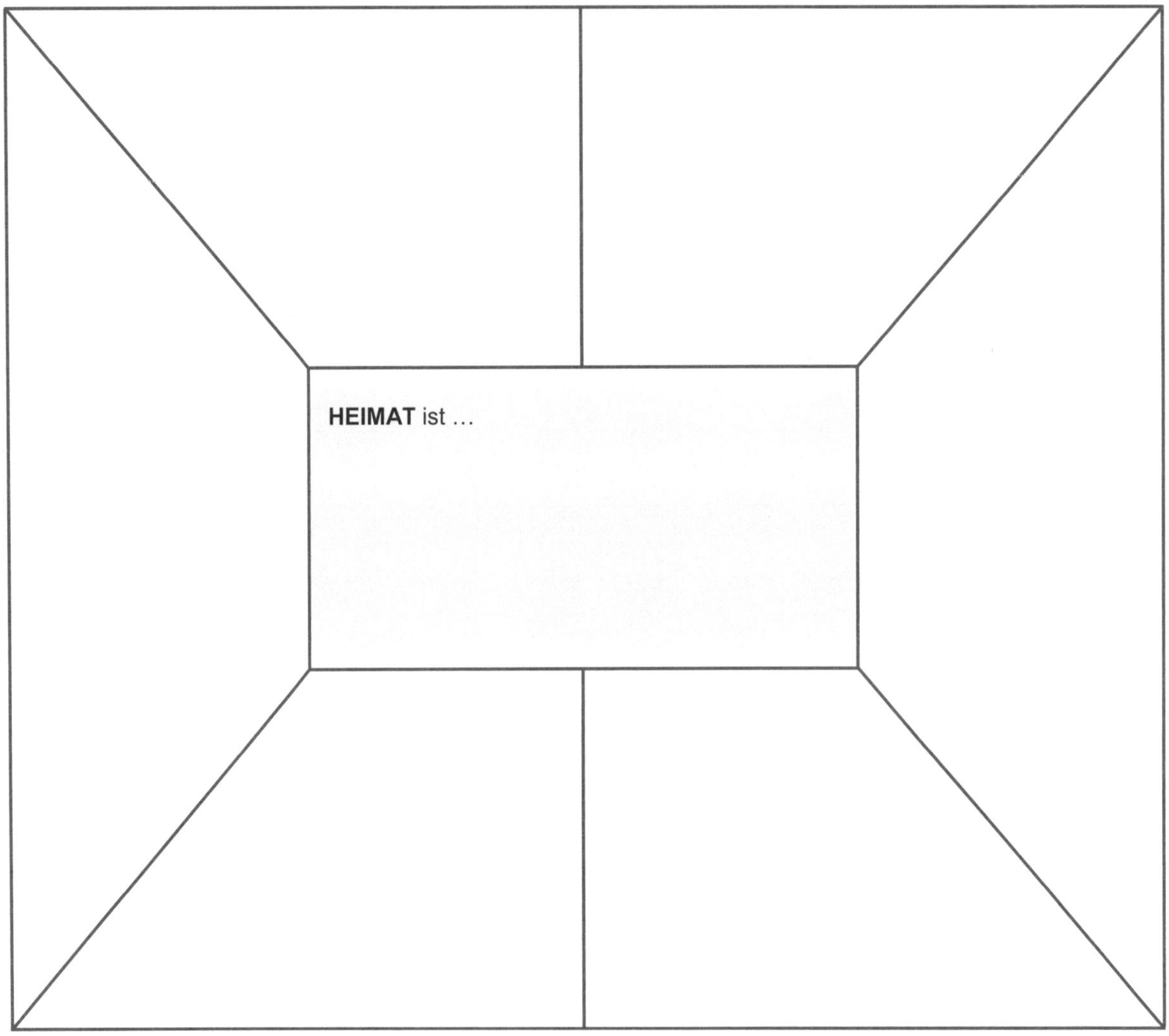

© Ernst Klett Verlag GmbH, Stuttgart 2013 | www.klett.de | ISBN 978-3-12-352483-7
Alle Rechte vorbehalten. Von dieser Druckvorlage ist die Vervielfältigung für den eigenen Unterrichtsgebrauch gestattet. Die Kopiergebühren sind abgegolten.

NAME:

DATUM / KURS:

Definition des Begriffs Heimat erarbeiten

Heimat, subjektiv von einzelnen Menschen oder kollektiv von Gruppen, Stämmen, Völkern, Nationen erlebte territoriale Einheit, zu der ein Gefühl bes[onderer] enger Verbundenheit besteht. Die Vorstellung von H[eimat] entwickelt sich als Ergebnis von ersten, persönlichkeitsbildenden Kindheits- und Jugenderfahrungen. Mitunter kommt es bei Erwachsenen jedoch zur späteren „Entdeckung" einer Wahlheimat. H[eimat] als bes[ondere] Struktur von Bewusstseinsinhalten ist ein wirksamer Orientierungs- und Bewertungsmaßstab für spätere soziale Erfahrungsräume und Zugehörigkeiten; für Menschen aus einsamen, verkehrsabgeschnittenen und gegenüber der Umwelt beziehungsarmen Gegenden in der Regel stärker als für Menschen aus urbaner Gesellschaftsstruktur mit hohen Mobilitätsraten. Übersichtl[iche] ländl[iche], klein- und mittelstädt[ische], kulturelle Traditionen und Geschichtsbewusstsein pflegende Lebensräume begünstigen die Entwicklung von H[eimat]verbundenheit. Aber auch Menschen großstädt[ischer]/industriegesellschaftl[icher] Herkunft empfinden in der Regel die spezifischen]. Eigenarten (Dialekt, kulturelles „Klima", Wert-und Lebensformen) „ihrer" Stadt als Heimat. In Zeiten persönl[icher] Krisen oder sozial verursachter Risiken vermittelt die H[eimat] ein Gefühl von (zumeist allerdings nur mehr scheinbarer) Sicherheit und Rückzugsmöglichkeit, wodurch individuelle Stabilisierungs- und Konsolidierungsprozesse angeregt werden können. Andererseits behindert allzu ausgeprägtes H[eimat]bewusstsein den Blick für globale bzw. gesamtgesellschaftl[ichen] Strukturen und Wirkungszusammenhänge, lässt es borniert-lokale Beschränktheit sowie harmon[isch]-integrative und romant[isch]-verklärte Gesellschaftsbilder entstehen. Die Konsequenzen sind entweder sozial aggressiv-emotionale Schwarz-Weiß-(Freund-Feind-)Einstellungen oder die Unfähigkeit, vorhandene soziale Antinomien oder Konflikte überhaupt erkennen und aktiv bewältigen zu können.

Aus: Meyers Enzyklopädisches Lexikon in 25 Bänden, Bd. 11, Mannheim, Wien, Zürich: Bibliographisches Institut 1974, S. 629

1 Lesen Sie den Lexikoneintrag und markieren Sie die wichtigsten Merkmale. Fassen Sie sie in der ersten Spalte der Tabelle zusammen und stellen Sie die positiven und negativen Begleiterscheinungen des Heimatgefühls gegenüber.

2 Vergleichen Sie die im Lexikon skizzierten Sachverhalte mit Ihren Vorstellungen aus der Placemat-Runde und vervollständigen Sie gegebenenfalls die Tabelle.

Merkmale von „Heimat"

Positive Begleiterscheinungen im Lexikonartikel:	Negative Begleiterscheinungen im Lexikonartikel:
Eigene Aspekte:	**Eigene Aspekte:**

© Ernst Klett Verlag GmbH, Stuttgart 2013 | www.klett.de | ISBN 978-3-12-352483-7
Alle Rechte vorbehalten. Von dieser Druckvorlage ist die Vervielfältigung für den eigenen Unterrichtsgebrauch gestattet. Die Kopiergebühren sind abgegolten.

NAME:

DATUM / KURS:

Erfahrungen der Romanfiguren in Amerika beschreiben und deuten

1 Lesen Sie zunächst den Text von Joseph Roth „Ein Jude geht nach Amerika“ (vgl. Materialienteil der Klett-Editionen, S. 184).

2 Beschreiben und deuten Sie vor dem Hintergrund dieses Textes mithilfe der Grafik die Gefühle und Erfahrungen der Familie Singer vor der Abreise nach Amerika und nach der Ankunft in New York.

Vorbereitung auf die Auswanderung (Kap. 8)

Motive für die Auswanderung:

Mendel | Deborah

Mirjam | Reaktion der Nachbarn

Fazit: „Nein. Mendel fühlte keine Angst.“ (S. 76)

Erste Eindrücke von Amerika (Kap. 9)

Veränderungen:

Schemarjah (der Erste)/Sam (der Zweite): | Wahrnehmungen Mendels auf der „Sightseeing-Tour“/Reaktion Mendels auf die neuen Eindrücke:

Fazit: „Schon war er einsam, Mendel Singer, schon war er in Amerika …“ (S. 76)

Amerika! (Kap. 10) oder doch Europa? (Kap. 16)

Die neue Heimat:

Mendels Verhältnis zur neuen Umgebung: | Die Verhaltensweisen Deborahs und Mirjams:

Sams Verhältnis zum „Vaterland“:

Fazit: Rückkehr in die Heimat: „Vielleicht wird sie in Europa gesund.“ (S. 76)

3 Diskutieren Sie, ob und inwieweit die Assimilation Sams und Mirjams erfolgreich verlaufen ist. Prüfen Sie, ob auch Mendel Assimilationsversuche unternommen hat.

Klett
© Ernst Klett Verlag GmbH, Stuttgart 2013 | www.klett.de | ISBN 978-3-12-352483-7
Alle Rechte vorbehalten. Von dieser Druckvorlage ist die Vervielfältigung für den eigenen Unterrichtsgebrauch gestattet. Die Kopiergebühren sind abgegolten.

NAME:

DATUM / KURS:

Mendels Erfahrungen in Amerika im soziologischen Kontext deuten

Wilhelm Borcherding: Verhaltensstrategien von Einwanderern (2012)

Einwanderung in ein neues Land bedeutet für die meisten Einwanderer eine grundlegende Zäsur im Leben, weil häufig größere kulturelle Differenzen zwischen der alten und der neuen Heimat bestehen. Für die Einwanderer stellen sich damit zentrale Probleme. Bislang Mitglieder einer Mehrheitsgesellschaft finden sie sich nun als Mitglieder einer Minderheitsgruppe wieder. Welche Verhaltensweisen sollen nun unter diesen Umständen gewählt werden: Anpassung (Assimilation) an die gesellschaftliche Mehrheit und/oder Erhaltung der bisherigen Wesensart (Sprache, Religion, Wertvorstellungen, Sitten und Gebräuche), d.h. Erhaltung der kulturellen Identität gegenüber den fremden Denkweisen? Die soziologische Forschung unterscheidet grundsätzlich vier Verhaltensmuster angesichts der Herausforderungen, die die neue Heimat stellt:

– *Traditionalismus* (Festhalten an den alten Wertvorstellungen, insbesondere an den religiösen Überzeugungen, Lebensweisen, Kleidung)
– *Integration* (behutsame Anpassung an die neuen Verhältnisse, vorsichtige Modernisierung der hergebrachten Wertvorstellungen, ohne sich vollständig von den traditionellen Wurzeln zu lösen)
– *Assimilation* (vorbehaltlose Annahme der herkömmlichen Lebensweise und Aufgeben der bisherigen Tradionen)
– *Fundamentalismus* (keine Anpassung an die in der neuen Heimat geltenden Lebensformen, Wertvorstellungen und Traditionen, sondern verschärfte Praxis der bisherigen Lebensweise, insbesondere der religiösen Traditionen)

1 Lesen Sie den Text und unterstreichen Sie die wesentlichen Aussagen.

2 Kommentieren und deuten Sie die Äußerungen Mendels und die Kommentare des Erzählers auf der Grundlage der Ergebnisse der soziologischen Forschung.

A) Was gehen mich diese Leute an? […]

B) Was geht mich ganz Amerika an? […]

C) Bin ich noch Mendel Singer? Ist das noch meine Familie? Bin ich noch Mendel Singer?

D) Es war ihm, als wäre er aus sich selbst herausgestoßen worden, von sich selbst getrennt würde er fortan leben müssen. Es war ihm, als hätte er sich selbst in Zuchnow zurückgelassen, […]

E) […], begann sein Herz langsam zu vereisen, es pochte wie ein metallener Schlegel gegen kaltes Glas.

F) Schon war er einsam, Mendel Singer, schon war er in Amerika …

G) Von Mendel Singer aber wissen wir, dass er nach einigen Monaten in New York zu Hause war.

H) Ja, er war beinahe heimisch in Amerika!

____
____
____
____
____
____
____
____
____
____
____
____
____
____
____

3 Beschreiben Sie vor dem Hintergrund der Erfahrungen der Familie Singer Erscheinungsformen der bundesrepublikanischen Einwanderungsgesellschaft.

© Ernst Klett Verlag GmbH, Stuttgart 2013 | www.klett.de | ISBN 978-3-12-352483-7
Alle Rechte vorbehalten. Von dieser Druckvorlage ist die Vervielfältigung für den eigenen Unterrichtsgebrauch gestattet. Die Kopiergebühren sind abgegolten.

NAME:

DATUM / KURS:

Biblischen Kontext des Romans erarbeiten

1 Lesen Sie im Materialteil der Klett-Editionen noch einmal den Bibeltext „Das Buch Hiob“ (vgl. S. 150 f.). Tragen Sie den Inhalt der Bibelverse stichwortartig in die Tabelle ein.

2 Suchen Sie anschließend im Roman nach entsprechenden Formulierungen und vergleichen Sie die inhaltlichen Aussagen. Kommentieren und deuten Sie diese in der rechten Spalte der Tabelle.

Das Buch Hiob (AT)	Aussagen im Roman	Kommentar/Deutung
1.1 Hauptfigur: Hiob, …	S. 1 Hauptfigur: Mendel, …	Vorstellung der Handlungsträger Angabe des Wohnortes
1.2 Kinder	S. 1 3 Kinder, 4. Kind wird erwartet	Beide Hauptfiguren haben Kinder (Ähnlichkeit)
1.3 Materielle Situation	S. 1 Plage und Armut	Beide leben unter unterschiedlichen materiellen Umständen (Gegensatz)
1.4–5 Religiosität	S. 1 Fromm, gottesfürchtig, …	Hiobs und Mendels religiöse Vorstellungen stimmen überein: Vertrauen auf Gott.
1.6–12		
1.13–15		
1.16		
1.17		
1.18–19		
1.20–21		
1.22		
Inhaltsangabe:		
42.10 Der neue Wohlstand		
42.16–17 Das Lebensende Hiobs		

© Ernst Klett Verlag GmbH, Stuttgart 2013 | www.klett.de | ISBN 978-3-12-352483-7
Alle Rechte vorbehalten. Von dieser Druckvorlage ist die Vervielfältigung für den eigenen Unterrichtsgebrauch gestattet. Die Kopiergebühren sind abgegolten.

NAME:

DATUM / KURS:

Mendels Verhältnis zu Gott erschließen

Der Erzähler über Mendel zu **Beginn des Romans:**

„Sein Gewissen war rein. Seine Seele war keusch. Er brauchte nichts zu bereuen und nichts gab es, was er begehrt hätte.“ (S. 3 f.)
„Mendel Singer aber, der Gerechte, floh vor keiner Strafe Gottes.“ (S. 7)

In der Mitte des Romans beschreibt der Erzähler Mendels Verhältnis zu Gott differenzierter:

Mendels (Un-)Schuld	Gottes Strafe und Gerechtigkeit	Gottes Wunder
„Und er durchforschte sein Gehirn nach irgendeiner Sünde und fand keine schwere.“ (S. 31)	**Strafen:** Krankheit Menuchims (S. 28)	Hoffen auf ein Wunder Gottes: Menuchim soll gesund werden. (S. 64 f., S. 71)
„„Ein schlechter Vater war ich […]“ (S. 143)	**Gerechtigkeit:** „[…] der Herr hat die Augen zugedrückt, […]“	Das Wunder wird wahr: Menuchim lebt. (S. 139 ff.)

Am Ende beschreibt der Erzähler Mendels Seelenzustand so:

„Und er ruhte aus von der Schwere des Glücks und der Größe der Wunder.“ (S. 146)

1 Untersuchen Sie Mendels Verhältnis zu Gott, indem Sie Mendels Meinungen zu seiner (Un-)Schuld sowie seine Ansichten über Gottes Strafe, Gerechtigkeit und Wunder herausarbeiten. Notieren Sie entsprechende Textstellen.

2 Stellen Sie darüber hinaus fest, ob Mendel jemals wirklich von Gott abgefallen ist.

Klett © Ernst Klett Verlag GmbH, Stuttgart 2013 | www.klett.de | ISBN 978-3-12-352483-7
Alle Rechte vorbehalten. Von dieser Druckvorlage ist die Vervielfältigung für den eigenen Unterrichtsgebrauch gestattet. Die Kopiergebühren sind abgegolten.

NAME:

DATUM / KURS:

Sprachliche Gestaltung des Romans untersuchen

Info

Zu einem besseren Verständnis eines Prosatexts bzw. eines Romans kann die Untersuchung der sprachlich-stilistischen Mittel beitragen. Dabei geht es um die Analyse der Wortwahl, des Satzbaus sowie um die Verwendung rhetorischer Mittel und bildhafter oder anschaulicher Ausdrücke. Die sprachlich-stilistischen Mittel sollten nicht nur benannt und aufgelistet, sondern auf ihre Wirkung hin untersucht werden.

1 Untersuchen Sie die von Roth gebrauchte Sprache. Finden Sie Beispiele in den Kapiteln 1 und 2 für die oben genannten sprachlichen Mittel. Belegen Sie Ihre Beispiele durch Seitenangaben.

A) Auffällig häufig gebrauchte rhetorische Figuren:

Wiederholungen
____
____

B) Farbsymbolik/Vergleiche:

____
____
____

C) Syntaxaspekte:

____
____
____

D) Bilder/Metaphern:

____
____
____

E) Redewendungen:

____
____
____

F) Wortwahl:

____
____
____

2 Beschreiben Sie anschließend, welche Wirkung die vom Autor gewählten sprachlichen Mittel erzielen.

Wirkung der eingesetzten sprachlichen Mittel:

Anschaulich, unterhaltend sind: ______________________

Eindringlich sind: ______________________

Spannung erzeugen: ______________________

Das (bessere) Verständnis fördern: ______________________

An die Sprache der Bibel erinnern: ______________________

© Ernst Klett Verlag GmbH, Stuttgart 2013 | www.klett.de | ISBN 978-3-12-352483-7
Alle Rechte vorbehalten. Von dieser Druckvorlage ist die Vervielfältigung für den eigenen Unterrichtsgebrauch gestattet. Die Kopiergebühren sind abgegolten.

NAME:

DATUM / KURS:

Erzählweise Roths untersuchen

Info

Erzählverhalten:

Beim **auktorialen Erzählverhalten** hat der Erzähler einen Überblick über das Geschehen und das Innere der Figuren (allwissender Erzähler). Er kann sich einmischen, kommentieren usw. und damit die Sicht- und Wahrnehmungsweise des Erzählten durch den Leser lenken. Sein Standort liegt außerhalb des Geschehens.

Beim **personalen Erzählverhalten** übernimmt der Erzähler eine Figurenperspektive und erzählt aus deren Sicht. Er ist am Geschehen unmittelbar beteiligt.

Darstellungsformen des Erzählers/Rede- und Gedankenwiedergabe einer Figur:

Zu den Darstellungsformen, die dem Erzähler zur Verfügung stehen, gehören **Erzählerbericht, Beschreibung, szenische Darstellung** und **Kommentar.**

Aussagen einer Person können in **direkter** oder **indirekter Rede** mitgeteilt werden.

Die **„erlebte Rede"** gibt die Vorstellungen und Gedanken einer Figur im Indikativ des Präteritums in der 3. Person Singular wieder, obwohl es sich um eine „unwirkliche" Aussage handelt.

Der verwandte **„innere Monolog"** gibt die Gedanken und den Bewusstseinsstand einer Figur in der ersten Person wieder.

Handlung:

Der Romancier gestaltet in seinem Werk einen **Stoff,** den er seinen Lesern aus seiner Sicht mitteilen will. Dabei konstruiert er ein Geschehen, das einem bestimmten Ablauf folgt. Dies Geschehen nennt man Handlung. Sie wird strukturiert durch **Handlungsstränge, Zeitstruktur, Motive** und weitere formale Strukturen. Besondere Beachtung verdient dabei das benutzte Tempus.

Zeitgestaltung:

Der Erzähler kann eine Zeitraffung, Zeitdehnung oder Zeitdeckung benutzen, um die zeitlichen Zusammenhänge zu veranschaulichen. Er kann aber auch Zeitsprünge, Rückblenden oder Vorausdeutungen einfügen.

1 Analysieren Sie die Erzählweise Roths, indem Sie exemplarisch die erläuterten Aspekte im Roman aufzeigen. Belegen Sie – wie immer – Ihre Aussagen durch Textbelege und Seitenangaben.

2 Beschreiben Sie anschließend die Wirkung, die Roth mit dem Einsatz dieser erzählerischen Mittel beim Leser erzielt.

© Ernst Klett Verlag GmbH, Stuttgart 2013 | www.klett.de | ISBN 978-3-12-352483-7
Alle Rechte vorbehalten. Von dieser Druckvorlage ist die Vervielfältigung für den eigenen Unterrichtsgebrauch gestattet. Die Kopiergebühren sind abgegolten.

NAME:

DATUM / KURS:

Poetologisches Konzept Roths erschließen

1 Lesen Sie zunächst das Vorwort Joseph Roths zu seinem Bericht „Die Flucht ohne Ende“ aus dem Jahr 1927.

Joseph Roth: Die Flucht ohne Ende (1927)

Im Folgenden erzähle ich die Geschichte meines Freundes, Kameraden und Gesinnungsgenossen Franz Tunda. Ich folge zum Teil seinen Aufzeichnungen, zum Teil seinen Erzählungen. Ich habe nichts erfunden, nichts komponiert. Es handelt sich nicht mehr darum, zu ‚dichten‘. Das Wichtigste ist das Beobachtete. – *Paris im März 1927. Joseph Roth*

Aus: Joseph Roth: Werke. Neue erweiterte Ausgabe in vier Bänden, hrsg. von Hermann Kesten, Band 1, Köln: Kiepenheuer und Witsch 1975, S. 317

2 Vergleichen Sie Roths Aussagen von 1927 mit den Auffassungen, die er in seinem Aufsatz „Schluss mit der ‚Neuen Sachlichkeit‘“ von 1930 äußert (vgl. Materialienteil der Klett-Editionen, S. 190, Z. 5–15 und 71–73).

3 Prüfen Sie, ob und inwieweit Roth seinen literarisch-ästhetischen Überlegungen von 1927 und 1930 in seinem Roman „Hiob“ Ausdruck verleiht.

Roths literarisches Programm 1927	**Roths literarisches Programm 1930**
______________________	______________________
______________________	______________________
______________________	______________________
…	…

Tatsachenschilderung und Sprachkunst
durch
KOMPOSITION?

4 Setzen Sie sich kritisch mit der in der Sekundärliteratur vertretenen These auseinander, dass der Roman einen Wendepunkt in Roths literarischem Schaffen darstelle.

Roths künstlerisches Programm in seinem Roman „Hiob“:

Aufgrund meiner Untersuchungen bin ich der Überzeugung, dass …

____

____

weil ______________________,

______________________.

Ferner bin ich der Meinung, dass die in der Sekundärliteratur vertretene These …

____

____

Klett
© Ernst Klett Verlag GmbH, Stuttgart 2013 | www.klett.de | ISBN 978-3-12-352483-7
Alle Rechte vorbehalten. Von dieser Druckvorlage ist die Vervielfältigung für den eigenen Unterrichtsgebrauch gestattet. Die Kopiergebühren sind abgegolten.

NAME:
DATUM / KURS:

Gattungsaspekte des Romans untersuchen

Nicht nur die literaturgeschichtliche Einordnung Roths wird in der Sekundärliteratur unterschiedlich diskutiert, sondern auch die Frage, ob der Roman „Hiob" eher Merkmale der Legende, des Märchens oder der Parabel aufweist. Die Vertreter der jeweiligen Position glauben, genügend Texthinweise in Roths Roman gefunden zu haben, die ihre Auffassungen zur Gattungsfrage stützen.

1 Lesen Sie zunächst die Definition zur Legende (vgl. Materialienteil der Klett-Editionen, S. 194) und notieren Sie stichwortartig die wesentlichen Merkmale der Legende. Lesen Sie dann den Text „Der Mythos des Skeptikers" (vgl. Materialienteil der Klett-Editionen, S. 196 f.). Halten Sie die Aussagen zur Gattungsfrage im Text fest.

2 Lesen Sie danach die Definitionen zum Märchen und zur Parabel. Vergegenwärtigen Sie sich noch einmal den Roman Roths. Prüfen Sie dabei, welche Besonderheiten im Roman die Zuordnung zu einer der drei genannten Gattungen rechtfertigen.

Märchen (mhd. maere = Kunde, Bericht) Das lange Zeit hindurch mündlich überlieferte und daher dauernd abgewandelte Volksmärchen diente ursprünglich der Unterhaltung von Erwachsenen. […] Als einfache Form (vgl. Epik) besitzt das Volksmärchen bestimmte unverwechselbare Merkmale: Unbestimmtheit von Raum- und Zeitangaben („Es war einmal …"); […]; Fantasiewesen […]; wunderbare Ereignisse inmitten des Alltäglichen; Wiederholungsstruktur […]. Im Mittelpunkt steht vielfach ein Held, der sich aus seiner anfänglichen Benachteiligung […] befreit bzw. von Helfern befreit wird und zu Glück und Wohlstand gelangt.

Parabel (griech. parabole = Vergleich) Wie Fabel […] und Gleichnis […] dient diese in der Regel kurze, […] Beispielgeschichte der Beweisführung, der Lehre, der Erhellung […]. Aus dem ursprünglichen Zusammenhang herausgelöst, fehlt der Parabel der Vergleichspunkt; die in ihr verborgene Wahrheit muss dann aus der auch für sich bedeutsamen, aber nicht immer eindeutigen Erzählung erschlossen werden. Die Parabel zieht zur Verbildlichung abstrakter Gedanken einen einmaligen, häufig ungewöhnlichen oder empörenden Fall heran. Dadurch gelingt es ihr, das Denken in neue Bahnen zu lenken […] und sich sogar – dies gilt vor allem für die jüdische Traditionslinie – in den Dienst religiöser Verkündigung zu stellen.

Beide Definitionen aus: Jutta Grützmacher/Bert Sander: Literarische Grundbegriffe, Stuttgart/Leipzig: Ernst Klett Verlag 2007, S. 40 ff.

3 Formulieren Sie abschließend Ihr eigenes Urteil und begründen Sie es differenziert durch aussagekräftige Zitate.

Nach der Beschäftigung mit den verschiedenen Gattungen plädiere ich dafür, dass …

____

____

____,

weil folgende Strukturen und (sprachliche) Merkmale dafür sprechen:

____

____

____

____

© Ernst Klett Verlag GmbH, Stuttgart 2013 | www.klett.de | ISBN 978-3-12-352483-7
Alle Rechte vorbehalten. Von dieser Druckvorlage ist die Vervielfältigung für den eigenen Unterrichtsgebrauch gestattet. Die Kopiergebühren sind abgegolten.

NAME:

DATUM / KURS:

Wirkungsgeschichte des Romans und filmische Umsetzung recherchieren

1 Lesen Sie zunächst die Ausführungen Wilhelm von Sternburgs zur Wirkungsgeschichte im Materialienteil der Klett-Editionen (S. 198 f.). Untersuchen Sie die verschiedenen Phasen der Rezeption des Romans sowie der Verfilmung. Tragen Sie die wesentlichen Aussagen in die Tabelle ein.

Rezeption des Romans:	**(Filmische) Adaption des Romans:**
(Zeitraum 1930–1945)	(Zeitraum 1930–1945)
(Zeitraum nach 1945)	(Zeitraum nach 1945)

2 Recherchieren Sie in anderen Büchern (z. B.: Joseph Roth: Leben und Werk, hrsg. von Daniel Keel/Daniel Kampa, Zürich: Diogenes Verlag 2010) oder im Internet nach weiteren Rezensionen zum Roman oder dessen Inszenierung bzw. Verfilmung, z. B.: http://www.deutsches-filmhaus.de/filme_einzeln/k_kl_einzeln/kehlmann_michael/hiob.htm und tragen Sie Ihre Ergänzungen in die Übersicht ein.

© Ernst Klett Verlag GmbH, Stuttgart 2013 | www.klett.de | ISBN 978-3-12-352483-7
Alle Rechte vorbehalten. Von dieser Druckvorlage ist die Vervielfältigung für den eigenen Unterrichtsgebrauch gestattet. Die Kopiergebühren sind abgegolten.

NAME:

DATUM / KURS:

Neuere Rezension des Romans analysieren

Ulrich Greiner: Joseph Roth (1987)

Der *Hiob,* 1930 geschrieben, markiert die Abkehr Roths von seinen zeitkritischen Romanen, [...]. Er ist einzigartig für Roth: weil er nie sonst ein derart vollkommenes Werk schuf, weil nirgends eine Geschichte bei ihm so friedvoll und tröstlich endet, weil seine Sprache selten so bis zum letzten Satz konzentriert und ausgeruht war. Der *Hiob* ist einzigartig für die Literatur: weil die Gattung der frommen Legende weder vor ihm noch nach ihm dieses literarische Niveau erreicht hat. Denn es ist eine fromme Legende, die er hier erzählt, aber fromm nicht im Sinne von unbedarft, sondern im Sinne von weise. Dass die Geschichte des Juden Mendel Singer, der aus Ostgalizien nach Amerika auswandert und dessen Leben einen Verlauf wie das des biblischen Hiob nimmt, am Ende gut ausgeht, ist ein Wunder, das nicht erklärt werden kann. Es ist ein Wunder, das Gott selber gewirkt hat und bei dem es ganz unerheblich ist, was der Autor (oder der Leser) davon hält und ob er an Gott glaubt oder nicht. Denn nicht der Autor erzählt diese *Geschichte eines einfachen Mannes* (so der Untertitel), sondern die Geschichte erzählt sich selber, [...]. Die literarische Technik, die Roth hier benutzt, besteht darin, den Inneren Monolog derart zu radikalisieren, dass er zur Erzählhaltung schlechthin wird. Nicht Mendel Singer erzählt, nicht ein auktorialer, allmächtiger Erzähler, sondern etwas, was man den objektiven Geist Mendels nennen könnte: ein wissendes, begnadetes Über-Ich, Mendel Singers Engel. [...] So beginnt der Roman, in einer Sprache, die ebenso einfach ist wie die Mendels, die sich zugleich aber naiv-raffiniert des Märchentons bedient und seine Suggestion erneuert. [...] So endet der Roman, und das Glück Mendels ist auch das Glück des Lesers.

Aus: Joseph Roth: Leben und Werk, hrsg. von Daniel Keel/Daniel Kampa, Zürich: Diogenes Verlag 2010, S. 231

1 Lesen und analysieren Sie die Auszüge aus Ulrich Greiners Besprechung des Romans aus dem Jahre 1987. Stellen Sie fest, welche bisherigen Arbeitsergebnisse von ihm bestätigt werden bzw. welche neuen positiven oder negativen Aussagen hinzukommen.

2 Tragen Sie die aus der Rezension Ulrich Greiners gewonnenen Informationen in die Tabelle ein.

Folgende Aspekte werden durch die Besprechung Greiners bestätigt und vertieft:	Diese Ansichten sind neu und erweitern das Verständnis der im Roman behandelten Problematik:
„Wendepunkt" im literarischen	Literarische Technik
Schaffen Roths	

3 Verfassen Sie selbst eine Rezension des Romans.

© Ernst Klett Verlag GmbH, Stuttgart 2013 | www.klett.de | ISBN 978-3-12-352483-7
Alle Rechte vorbehalten. Von dieser Druckvorlage ist die Vervielfältigung für den eigenen Unterrichtsgebrauch gestattet. Die Kopiergebühren sind abgegolten.

NAME:

DATUM / KURS:

Inszenierungsversuch erschließen und beurteilen

1 Lesen und analysieren Sie die Rezension Teresa Grenzmanns „Schicksalsschläge im Strickpullover“ zur Aufführung des Romans in den Münchner Kammerspielen (vgl. Materialienteil der Klett-Editionen, S. 201 ff.).

2 Recherchieren Sie anschließend unter dem folgenden Link http://www.muenchner-kammerspiele.de/programm/stuecke-a-z/hiob/ weiter und tragen Sie Ihre Ergebnisse in die Tabelle ein. Auch weitere selbstständige Recherchen sind möglich und erwünscht!

Untersuchungsaspekte	**Umsetzung in der Aufführung der Münchener Kammerspiele**
Informationen zur Inszenierung: – Ankündigungen (Zeitung, Internet): – Szenenfoto:	
Regiekonzepte: – Werktreue: starke Orientierung an der Textvorlage – Regietheater: radikale Loslösung von der Textvorlage, eigenständige Inszenierung	
Umgang mit Rezensionen: – Rezensionen sammeln: – neue Informationen entnehmen/strukturieren: – Position des Verfassers erschließen:	
Eigenes Urteil: – Umgang mit der Textvorlage: – Gegenwartsbezug: – Leistung der Schauspieler: – Beurteilung des Bühnenbildes usw.:	

© Ernst Klett Verlag GmbH, Stuttgart 2013 | www.klett.de | ISBN 978-3-12-352483-7
Alle Rechte vorbehalten. Von dieser Druckvorlage ist die Vervielfältigung für den eigenen Unterrichtsgebrauch gestattet. Die Kopiergebühren sind abgegolten.

NAME:

DATUM / KURS:

Ein „Buddy-Book“ erstellen

1 Stellen Sie zunächst ein „Buddy-Book“ her. Informationen zur Herstellung finden Sie im Internet.

2 Nun können Sie auf den acht Seiten zu den folgenden Stichwörtern Ihren „Spickzettel“ in Form von Kurzkommentaren, Visualisierungen oder Merksätzen eintragen. Tauschen Sie Ihre fertigen Buddy-Books am Ende untereinander aus, damit eventuelle Fehler noch korrigiert werden können.

Folgende acht Aspekte sollte Ihr Buddy-Book umfassen. Halten Sie Ihre Aufzeichnungen möglichst kurz (max. 1 Seite des Booklets).

Kurzinformationen zum Roman und Inhalt des Romans

- Entstehungszeitraum, Erscheinungsdaten und -weisen
- Kurze Inhaltswiedergabe

Die Figurenkonstellation

- Vorstellung der wichtigsten Handlungsträger und deren Kurzcharakterisierung
- Aussagen zur Figurenkonstellation (Protagonisten, Nebenfiguren usw.)

Erzählweisen/Sprache und Stil

- Erzählform
- Erzählperspektive
- Erzählverhalten
- Sprache und Stil

Aufbau der Handlung

- Handlungsmuster
- Handlungsstrukturen

Zeit- und Raumgestaltung

- Raum
- Zeit

Themen und Gegenstände

- Auflistung der wesentlichen Themen und Gegenstände des Romans

Genreaspekte

- Legende, Märchen oder Parabel?

Deutungs- und Adaptionsversuche

- Rezensionen
- Adaptionen

© Ernst Klett Verlag GmbH, Stuttgart 2013 | www.klett.de | ISBN 978-3-12-352483-7
Alle Rechte vorbehalten. Von dieser Druckvorlage ist die Vervielfältigung für den eigenen Unterrichtsgebrauch gestattet. Die Kopiergebühren sind abgegolten.

NAME:

DATUM / KURS:

Übungsklausur für Schüler

Joseph Roth: Ein Jude geht nach Amerika (1927)

In seinem Essayband „Juden auf Wanderschaft“ schreibt Joseph Roth, selbst Ostjude, über die Sehnsucht seiner Glaubensgenossen nach Amerika.

Amerika ist die Ferne. Amerika heißt die Freiheit. In Amerika lebt immer ein Verwandter.

Es ist schwer, eine jüdische Familie im Osten zu finden, die nicht irgendeinen Vetter, irgendeinen Onkel in Amerika besitzen würde. Vor zwanzig Jahren ist einmal einer ausgewandert. Er floh vor dem Militär. Oder er desertierte, nachdem er assentiert[1] worden war. [...] Das sind heute die sagenhaften Vettern der Ostjuden. Die früheren Deserteure sind drüben reiche, zumindest wohlhabende Kaufleute. Der alte jüdische Gott war mit ihnen. Er belohnte ihre Militärfeindschaft.

Dieser Vetter aus Amerika ist die letzte Hoffnung jeder ostjüdischen Familie. Er hat schon lange nicht geschrieben, dieser Vetter. Man weiß nur, dass er sich verheiratet und Kinder gezeugt hat. Irgendein altes, vergilbtes Bild hängt an der Wand. Vor zwanzig Jahren kam es an. Zehn Dollar lagen dabei. Man hat lange nichts mehr von ihm gehört. Dennoch zweifelt die Familie in Dubno[2] nicht, dass man ihn in New York oder Chikago finden wird. Freilich heißt er nicht mehr so jüdisch, wie er zu Hause genannt worden war. Er spricht Englisch, er ist ein amerikanischer Staatsbürger, seine Anzüge sind bequem, seine Hosen weit, seine Röcke haben breite Schultern. Man wird ihn doch erkennen. Der Besuch wird ihm vielleicht nicht angenehm sein. Hinauswerfen wird er seine Verwandten sicher nicht.

Und während man so seiner gedenkt, kommt eines Tages der Briefträger mit einem dicken Einschreibebrief. Dieser Brief enthält Dollars, Anfragen, Wünsche und Grüße und verspricht „bald eine Schiffskarte“. Von diesem Augenblick an „fährt man nach Amerika“. Die Jahreszeiten wechseln, die Monate reihen sich aneinander, das Jahr verrollt, man hört nichts von einer Schiffskarte, aber man „fährt nach Amerika“. Die ganze Stadt weiß es, die umliegenden Dörfer wissen es und die benachbarten kleinen Städte.

Ein Fremder kommt und fragt: „Was macht Jizchok Meier?“ „Er fährt nach Amerika“, erwidern die Einheimischen; indessen Jizchok Meier noch heute und morgen, wie gestern und vorgestern, seinen Geschäften nachgeht und scheinbar sich nichts in seinem Haus verändert.

In Wirklichkeit verändert sich viel. Er stellt sich nämlich um. Er rüstet innerlich für Amerika. Er weiß genau, was er mitnehmen und was er behalten wird, was er zurücklassen und was er verkaufen wird. [...]

Der Jude, der nach Amerika will, lernt nicht etwa Englisch. Wie er im fremden Land zurechtkommen wird, weiß er schon. Er spricht Jiddisch, die am weitesten verbreitete, geographisch, nicht zahlenmäßig verbreitete Sprache. Er wird sich verständigen. Er braucht nicht Englisch zu verstehen. Die seit 30 Jahren im Judenviertel von New York ansässigen Juden sprechen auch noch Jiddisch und können ihre eigenen Enkel nicht mehr verstehen. Die Sprache des fremden Landes kann er schon. Es ist seine Muttersprache. Auch Geld hat er. Ihm fehlt nur noch der Mut.

Er fürchtet nicht Amerika, er fürchtet den Ozean.

---

[1] assentieren – zum Militärdienst eingezogen werden
[2] kleine Stadt in der Ukraine, gemeint ist hier wohl das Schtetl in Dubno

Aus: Joseph Roth: Juden auf Wanderschaft, München: Deutscher Taschenbuch Verlag 2006, S. 86–90

1 Analysieren Sie den Essayauszug von Joseph Roth, indem Sie herausarbeiten, welche Bedeutung aus seiner Sicht Amerika für die Ostjuden hat.

2 Überprüfen Sie, inwieweit sich dieses Amerikabild auch auf seinen Roman „Hiob“ beziehen lässt.

© Ernst Klett Verlag GmbH, Stuttgart 2013 | www.klett.de | ISBN 978-3-12-352483-7
Alle Rechte vorbehalten. Von dieser Druckvorlage ist die Vervielfältigung für den eigenen Unterrichtsgebrauch gestattet. Die Kopiergebühren sind abgegolten.

NAME:

DATUM / KURS:

Bei der Sachtextanalyse (mit weiterführendem Schreibauftrag) empfiehlt sich die folgende Vorgehensweise:

1. Erfassen der Aufgabenstellung und schriftliches Festhalten des ersten Textverständnisses

- Auseinandersetzung mit der Aufgabenstellung:
  - Welche Leistungen fordern die Operatoren?
  - Akzentuiert die Aufgabenstellung einen bestimmten Aspekt?
  - Welche Gewichtung wird durch die Punkteverteilung deutlich?
- Angaben zur Textgrundlage auswerten:
  - Verfasser, Gattung, Titel und Entstehungszeitraum bestimmen
- Erste Erschließung des Textausschnitts:
  - Markieren und Unterstreichen, Klärung von Fremdwörtern oder zunächst nicht ganz verstandene Passagen, die Gliederung des Textes und das Erfassen der zentralen Aussagen
  - (Vorläufige) Deutungshypothese schriftlich festhalten

2. Text aspektorientiert untersuchen

- Textimmanente Kriterien:
  - Ermittlung der Themen, Gegenstände und Motive
  - Analyse der Schreibweise, der Sprache und des Stils
  - Aufbau und Argumentationsweise untersuchen
  - Beschreibung der Zeit- und Raumgestaltung
  - Untersuchung der Textsorte oder der Gattungszugehörigkeit
- Textüberschreitende Kriterien:
  - Biografie und Werk des Autors
  - Historischer Kontext
  - Epochenzugehörigkeit
  - Poetologisches Konzept der Autors
- Ergebnisse der Analyse stichwortartig skizzieren

3. Vergleich mit dem Roman „Hiob"/eigenständige Position entwickeln

- Essayauszug und Roman vergleichen in Hinsicht auf Übereinstimmungen und Unterschiede
- Eigene Interpretationsergebnisse des Romans beim Vergleich einbringen
- Nach geeigneten Textbelegen und Zitaten Ausschau halten

© Ernst Klett Verlag GmbH, Stuttgart 2013 | www.klett.de | ISBN 978-3-12-352483-7
Alle Rechte vorbehalten. Von dieser Druckvorlage ist die Vervielfältigung für den eigenen Unterrichtsgebrauch gestattet. Die Kopiergebühren sind abgegolten.

NAME:

DATUM / KURS:

4. Gliederung entwerfen

- Einleitung:
  - Einleitungs- und Übersichtssatz formulieren
  - Kurze Einführung in den Problemzusammenhang
- Hauptteil:
  - Abfolge der darzustellenden Aspekte festlegen
  - (Kritische) Auseinandersetzung mit den Thesen/Aussagen des Sekundärtextes
- Schluss:
  - Persönliches Urteil/Entfaltung im größeren Zusammenhang

5. Klausur schreiben

- Zusammenhängende und nachvollziehbare Darstellung der Interpretationsergebnisse
- Durch Textbelege gestützte Begründung des eigenen Urteils

6. Klausur überarbeiten

- Rechtschreibung und Zeichensetzung überprüfen
- Ausdrucksweise und grammatikalische Korrektheit beachten
- Geschickte Überleitungen verfassen

© Ernst Klett Verlag GmbH, Stuttgart 2013 | www.klett.de | ISBN 978-3-12-352483-7
Alle Rechte vorbehalten. Von dieser Druckvorlage ist die Vervielfältigung für den eigenen Unterrichtsgebrauch gestattet. Die Kopiergebühren sind abgegolten.

NAME:

DATUM / KURS:

Klausurvorschlag für die Lehrkraft

Analyse eines literarischen Textes mit weiterführendem Schreibauftrag (II A)

Joseph Roth: Hiob, Kapitel XI

Da verließen zum ersten Mal die Sorgen das Haus Mendel Singers. Vertraut waren sie ihm gewesen, wie verhasste Geschwister. Neunundfünfzig Jahre wurde er jetzt alt. Seit achtundfünfzig Jahren kannte er sie. Die Sorgen verließen ihn, der Tod näherte sich ihm. Sein Bart war weiß, sein Auge war schwach. Der Rücken krümmte sich, und die Hände zitterten. Der Schlaf war leicht, und die Nacht war lang. Die Zufriedenheit trug er wie ein fremdes, geborgtes Kleid. Sein Sohn übersiedelte in die Gegend der Reichen, Mendel blieb in seiner Gasse, in seiner Wohnung, bei den blauen Petroleumlampen, in der Nachbarschaft der Armen, der Katzen und der Mäuse. Er war fromm, gottesfürchtig und gewöhnlich, ein ganz alltäglicher Jude. Wenige beachteten ihn. Manche bemerkten ihn gar nicht. [...] Mendel blieb eine Weile wach und nickte wieder ein. Er träumte sofort: Begebenheiten aus der Heimat und Dinge, von denen er in Amerika nur gehört hatte, [...] und immer wieder Menuchim. Der kleine Krüppel mischte sich zwischen das Rot und Gold der Sängerinnen, und vor dem bleichen Strahlen des „Weißen Hauses" haftete er als ein armer, grauer Fleck. Dies und jenes mit wachen Augen anzuschauen, war Mendel zu alt. Er glaubte seinen Kindern aufs Wort, dass Amerika das Land Gottes war, New York die Stadt der Wunder und Englisch die schönste Sprache. Die Amerikaner waren gesund, die Amerikanerinnen schön, der Sport wichtig, die Zeit kostbar, die Armut ein Laster, der Reichtum ein Verdienst, die Tugend der halbe Erfolg, der Glaube an sich selbst ein ganzer, der Tanz hygienisch, Rollschuhlaufen eine Pflicht, Wohltätigkeit eine Kapitalanlage, Anarchismus ein Verbrechen, Streikende die Feinde der Menschheit, Aufwiegler Verbündete des Teufels, moderne Maschinen Segen des Himmels, Edison das größte Genie. [...] Die Welt wird sehr schön, dachte Mendel, glücklich mein Enkel! Er wird alles erleben! Dennoch mischte sich in seine Bewunderung für die Zukunft ein Heimweh nach Russland, und es beruhigte ihn, zu wissen, dass er noch vor den Triumphen der Lebendigen ein Toter sein würde. Er wusste nicht, warum. Es beruhigte ihn. Er war bereits zu alt für das Neue und zu schwach für Triumphe. Er hatte nur eine Hoffnung noch: Menuchim zu sehen. Sam oder Mac würde hinüberfahren, ihn holen. Vielleicht fuhr auch Deborah. [...]

Die Kinder redeten ihm zu, endlich das Viertel zu verlassen. Er hatte Angst. Er wollte nicht übermütig werden. Jetzt, wo alles gut zu gehn begann, durfte man nicht Gottes Zorn hervorrufen. Wann war es ihm je besser gegangen? Wozu in andere Gegenden ziehn? [...].

Er wandte sich um. Da schlief Deborah. Früher hatte sie hier im Zimmer mit Mirjam geschlafen. Jetzt wohnte Mirjam bei ihrem Bruder. Oder bei Mac, dachte Mendel, hurtig und verstohlen. Deborah schlief ruhig, halb aufgedeckt, ein breites Lächeln über dem breiten Angesicht. Was geht sie mich an?, dachte Mendel. Wozu leben wir noch zusammen? Unsere Lust ist vorbei, unsere Kinder sind groß und versorgt, was soll ich bei ihr? Essen, was sie gekocht hat! Es steht geschrieben, dass es nicht gut ist, dass der Mensch allein sei. Also leben wir zusammen. [...]

Aus: Joseph Roth: Hiob. Roman eines einfachen Mannes, Stuttgart/Leipzig: Ernst Klett Verlag 2010, S. 92 f.

Es zeigt sich mehr und mehr, dass die Vergangenheit ihr Recht im Gegenwärtigen behauptet. Das Alte verdrängt nach und nach das Neue, und das Erinnerte besetzt die Stelle der entleerten Hoffnungen. [...], alle diese Erinnerungen rücken die ferne östliche Heimat in die unmittelbare Gegenwart der westlichen Welt und wecken das Heimweh. Alle Erinnerungen und Träume münden in den Refrain: „und immer wieder Menuchim."

Gerhard vom Hofe: „Reigen aus Mühsal" und „Schwere des Glücks". Aus: Evangelische Akademie Baden (Hrsg.): „Die Schwere des Glücks und die Größe der Wunder". Joseph Roth und seine Welt, Karlsruhe: Verlag Ev. Presseverband für Baden e.V. 1994, S. 78

1 Analysieren und interpretieren Sie die Auszüge aus dem 11. Kapitel, indem Sie insbesondere die geschilderten Sachverhalte in Beziehung zu Mendels Vergangenheit in Zuchnow setzen.

2 Geben Sie die Aussagen vom Hofes mit eigenen Worten wieder und setzen Sie sich kritisch mit seiner Position auseinander. Führen Sie aussagekräftige Zitate zu Ihrem Urteil an.

© Ernst Klett Verlag GmbH, Stuttgart 2013 | www.klett.de | ISBN 978-3-12-352483-7
Alle Rechte vorbehalten. Von dieser Druckvorlage ist die Vervielfältigung für den eigenen Unterrichtsgebrauch gestattet. Die Kopiergebühren sind abgegolten.

NAME:

DATUM / KURS:

Kriterienkatalog für die Bewertung

Name der Schülerin/des Schülers:			
Klausur Nr.:	Jahrgangstufe:	Kurs:	[Ort], den

Teilleistungen – Kriterien

a) inhaltliche Lösung 1. Teilaufgabe:

	Anforderungen	Lösungsqualität	
	Die Schülerin/Der Schüler	**Max. P.**	**Err. P.**
1	**nennt** Autor, Textsorte, Titel und Entstehungszeitraum des Textes.	**4 (I)**	
2	**benennt** das Thema des Textes und den Zusammenhang, in dem er steht (etwa): *Obwohl sich Mendel in Amerika „heimisch" fühlt, kehrt er in Gedanken häufig in seine Heimat zurück. Dabei taucht Menuchim immer wieder auf.*	**2 (I)**	
3	**gibt** den Inhalt des Textes kurz, übersichtlich und mit eigenen Worten **wieder** (Textwiedergabe).	**6 (I)**	
4	**ordnet** die Szene zutreffend in den Kontext des Romans ein.	**6 (II)**	
5	**erläutert** die zentralen Aussagen im Text (etwa): ☐ *Mendels Situation hat sich (scheinbar) zum Besseren gewandelt. (Z. 1–9)* ☐ *In sein Nachdenken über die amerikanische Lebensweise schleicht sich immer wieder die Erinnerung an Menuchim ein. (Z. 10–26)* ☐ *Mendel hält an seinen alten Einstellungen (Z. 10–14 und Z. 36–42) fest.* ☐ *Die Beziehung zu Deborah hat sich weiter abgekühlt.*	**12 (II)**	
6	**erschließt** die Bedeutung der Szene für den Roman (etwa): *Es gelingt Mendel nicht, sich zu assimilieren, er bleibt seinen alten Vorstellungen verhaftet und empfindet seine neue „Heimat" als „Fremde".*	**6 (II)**	
7	**erschließt** die sprachlichen und strukturellen Besonderheiten.	**6 (II)**	
8	**erfüllt (ein) andere(s) aufgabenbezogene(s) Kriterium/Kriterien.**	**Alt.: 5**	
	Teilsumme inhaltliche Lösung Aufgabe 1	**42**	

b) inhaltliche Lösung 2. Teilaufgabe:

9	**setzt** die Aussagen vom Hofes in **Beziehung** zum Roman *Hiob.*	**6 (II)**	
10	**beurteilt** die Aussagen des Autors.	**12 (III)**	
11	**begründet** die ***eigene*** Position (mit aussagekräftigen Zitaten).	**12 (III)**	
12	**erfüllt (ein) andere(s) aufgabenbezogene(s) Kriterium/Kriterien.**	**Alt.: 5**	
	Teilsumme inhaltliche Lösung Aufgabe 2	**30**	

Klett © Ernst Klett Verlag GmbH, Stuttgart 2013 | www.klett.de | ISBN 978-3-12-352483-7
Alle Rechte vorbehalten. Von dieser Druckvorlage ist die Vervielfältigung für den eigenen Unterrichtsgebrauch gestattet. Die Kopiergebühren sind abgegolten.
NAME:
DATUM / KURS:

c) Darstellungsleistung

1	**strukturiert ihren/seinen Text kohärent, schlüssig, stringent und gedanklich klar:** ☐ angemessene Gewichtung der Teilaufgaben in der Durchführung ☐ gegliederte und angemessen gewichtete Anlage der Arbeit ☐ schlüssige Verbindung der einzelnen Arbeitsschritte ☐ schlüssige gedankliche Verknüpfung von Sätzen	6	
2	**formuliert unter Beachtung der fachsprachlichen und fachmethodischen Anforderungen:** ☐ Trennung von Handlungs- und Metaebene ☐ begründeter Bezug von beschreibenden … und wertenden Aussagen ☐ Verwendung von Fachtermini in sinnvollem Zusammenhang ☐ Beachtung der Tempora ☐ korrekte Redewiedergabe (Modalität)	6	
3	**belegt Aussagen durch angemessenes und korrektes Zitieren:** ☐ *sinnvoller Gebrauch von vollständigen … Zitaten in begründender Funktion*	3	
4	**drückt sich allgemeinsprachlich präzise, stilistisch sicher und begrifflich differenziert aus:** ☐ schriftlich-distanzierte Schreibweise ☐ Schriftsprachlichkeit ☐ begrifflich abstrakte Ausdrucksfähigkeit	5	
5	**formuliert lexikalisch und syntaktisch sicher, variabel und komplex** (und zugleich klar).	5	
6	**schreibt sprachlich richtig.**	3	
	Gesamtsumme Darstellungsleistung	28	

d) Gesamtergebnis:

Summe a) und b) inhaltliche Lösung	72	
Summe c) Darstellungsleistung	28	
Summe a), b) und c)	100	

Ort, den ___________

Die Klausur wird mit der Note ______________________________ bewertet.

Übersicht über Punktezuordnung zu den Noten

1+/15P	1/14P	1-/13P	2+/12P	2/11P	2-/10P	3+/9P	3/8P	3-/7P	4+/6P	4/5P	4-/4P	5+/3P	5/2P	5-/1P	6/0P
100–95	94–90	89–85	84–80	79–75	74–70	69–65	64–60	59–55	54–50	49–45	44–40	39–35	34–30	29–25	24–0

Bemerkungen:

© Ernst Klett Verlag GmbH, Stuttgart 2013 | www.klett.de | ISBN 978-3-12-352483-7
Alle Rechte vorbehalten. Von dieser Druckvorlage ist die Vervielfältigung für den eigenen Unterrichtsgebrauch gestattet. Die Kopiergebühren sind abgegolten.

NAME:

DATUM / KURS:

Analyse und Interpretation Joseph Roth: Hiob

1 Zur Biografie Joseph Roths

Joseph Roth wurde am 02.09.1894 in Brody (Galizien) geboren und ist am 27.05.1939 in Paris gestorben. Seine Eltern waren galizische Juden, die nach religiösen Vorstellungen eine eheähnliche Gemeinschaft eingegangen waren. Der Vater verließ bald die Familie und Joseph Roth wuchs bei seinem streng dem jüdischen Glauben verpflichteten Großvater und seiner Mutter auf, die aber nach jüdischen Gesetzen sich nicht wiederverheiraten durfte. Ihre reichen Verwandten ermöglichten dem Sohn den Besuch des Gymnasiums und das anschließende Studium der Germanistik und Philosophie unter anderem in Wien.

Den Ersten Weltkrieg überlebte Roth als Feldjäger und Presse-Offizier. Ab 1915 publizierte er seine ersten literarischen Texte, nach dem Weltkrieg erlangte er einen hohen Bekanntheitsgrad als Korrespondent der angesehenen Frankfurter Zeitung. In den frühen 1920er-Jahren verfasste er zahlreiche Romane, während in der zweiten Hälfte des Jahrzehnts seine Korrespondentenberichte und Reisereportagen dominierten. 1927 erschien sein Essay „Juden auf Wanderschaft", in dem Roth die zeitgenössischen Probleme des Ostjudentums schilderte. Es darf als die theoretische Grundlage seines späteren Romans „Hiob" betrachtet werden. Im Jahr der Veröffentlichung des Romans (1930) verschlechterte sich der gesundheitliche Zustand seiner Frau dramatisch. Wegen einer fortschreitenden psychischen Erkrankung musste sie in ein Sanatorium eingeliefert werden. Die Behandlung brachte Joseph Roth in große finanzielle Bedrängnis, so dass er in dieser Zeit immer wieder mit seinen Verlegern um das Honorar für seine Bücher feilschen musste. Der relative Erfolg des „Hiob" milderte vorübergehend seine angespannte finanzielle Situation.

Nach dem Erscheinen seines erfolgreichsten Romans „Radetzkymarsch" (1932) floh Joseph Roth ein Jahr später vor den Nationalsozialisten nach Paris. Die neuen Machthaber in Deutschland verbrannten seine Werke am 10. Mai 1933 während der Aktion „Wider den undeutschen Geist" (Bücherverbrennung). Zutiefst von der politischen und kulturellen Entwicklung in Deutschland enttäuscht und aufgrund zahlreicher privater Probleme suchte er Zuflucht im Alkohol. An den Folgen seines übermäßigen Alkoholkonsums starb er 1939 in einem Krankenhaus für Arme. Ein Jahr später brachten die Nationalsozialisten seine Frau im Rahmen des Euthanasieprogramms um.

2 Informationen zum Roman

Joseph Roths Roman „Hiob. Roman eines einfachen Mannes" erschien 1930 in Buchform, nachdem er zuvor in der Frankfurter Zeitung als Vorabdruck zu lesen war. Mit dem zwei Jahre später veröffentlichten „Radetzkymarsch" zählte „Hiob" zu seinen erfolgreichsten und literarisch-künstlerisch anspruchsvollsten Werken.

Als der Autor seinen Roman niederschrieb, konnte er auf zahlreiche Manuskripte, Skizzen (Romanfragment: Wasserträger Mendel) und Essays zu den im Roman behandelten Themen, Gegenständen und Motiven zurückgreifen. Zudem fasste der Dichter zahlreiche autobiografische Erfahrungen in seinem Roman zusammen. In einem Brief an einen Freund beschrieb er die literarische Verarbeitung der ihn psychisch belastenden Eindrücke als Entlastung, weil er sich so seinem Publikum und einer gewissen Öffentlichkeit mitteilen konnte.

Nach Auffassung vieler Literaturwissenschaftler markierte der Roman einen Wendepunkt in Roths literarischem Schaffen. Bis zu seiner Beschäftigung mit dem „Hiob" war der Dichter durch überwiegend journalistische Textsorten, Reiseliteratur und verschiedene, z.T. gesellschaftskritische Romane wie „Das Spinnennetz" (1923), „Hotel Savoy"(1924) und „Zipper und sein Vater" (1928) bekannt geworden. Im Frühjahr 1930 überraschte Roth seine Schriftstellerkolleginnen und -kollegen mit einer Auseinandersetzung mit den Vertretern der Neuen Sachlichkeit, zu denen er bislang gerechnet worden war. Er erteilte den künstlerisch-ästhetischen Gestaltungsprinzipien dieser Strömung nun eine entschiedene Absage. Statt der Betonung des dokumentarischen Charakters in den verschiedenen literarischen Produktionen propagierte er die stärkere Beachtung ästhetischer Kategorien, vor allem aber der Sprache. Nicht die reine Abbildung vorgefundener Wirklichkeit, sondern ihre schöpferische Veränderung sei das Ziel. Der Roman „Hiob" steht somit am Anfang einer neuen Schaffensperiode des Autors. Nach der an der Neuen Sachlichkeit orientierten und stärker gesellschaftskritischen Schreibweise wendet er sich ab diesem Zeitpunkt der traditionellen Erzählkunst zu und wandelt sich – auch von den Themen her – zum konservativen Romancier.

3 Inhaltsübersicht

3.1 Erster Teil

Der Roman schildert im ersten Teil das Leben des jüdischen Lehrers Mendel Singer und seiner Ehefrau Deborah sowie seiner vier Kinder in Galizien. Nach drei gesunden Kindern (Jonas, Schemarjah und Mirjam) kommt ein weiterer Sohn (Menuchim) zur Welt, der an Epilepsie erkrankt und dessen körperliche und geistige Entwicklung stark verzögert ist. Mendel sieht darin aufgrund seines jüdischen Glaubens eine Bestrafung durch Gott. Allerdings kann er keine Gründe für die Bestrafung erkennen, er hält sich für unschuldig. Die Bemühungen seiner Frau, eine ärztliche Behandlung für Menuchim zu erreichen, damit er geheilt werden kann, lehnt Mendel mit dem Hinweis auf die Bibel ab. Wenn Gott wolle, dass sein Sohn gesund werde, so sei es nicht nötig, ihn in die Hände von russischen Medizinern zu geben, Menuchim würde allein durch die Hilfe Gottes die Epilepsie überwinden.

Die Sorge um Menuchim spaltet die Familie. Die Gefühle der Ehepartner zueinander erkalten, die gesunden Kinder werden vernachlässigt. Aber nach einigen Jahren bereiten auch diese den Eltern große Sorgen. Entgegen den religiösen Überzeugungen Mendels und Deborahs und den jüdischen Vorschriften sollen die Söhne ins Militär einrücken. Deborah gelingt es, wenigstens Schemarjah vor dem Armeedienst zu retten, während Jonas freiwillig einrückt und sich damit als Erster von den religiösen Wurzeln seines Elternhauses entfernt und sich den russischen Lebensweisen anpasst. Mendel, der nach orthodoxer Anschauung auch das religiöse Familienoberhaupt darstellt, verliert zusehends an patriarchaler Autorität: Seine Familie zerbricht.

Auch Schemarjah löst sich von den Vorstellungen, indem er nach Amerika auswandert und sich assimiliert. Dort bringt er es zu einem erfolgreichen Versicherungskaufmann. Von dem verdienten Geld schickt er den Eltern durch einen Boten genügend Dollar für eine Überfahrt nach Amerika. Neben der Sorge um den zurückgebliebenen Menuchim haben diese nun auch noch Probleme mit Mirjam, die sich mit russischen Soldaten einlässt und damit einen Lebenswandel führt, der nicht mehr mit den religiösen und moralischen Vorstellungen der Eltern übereinstimmt. Das Verhältnis der jüdischen Minderheit zu den zaristischen Armeeangehörigen ist durch zahlreiche Pogrome in der Vergangenheit erheblich belastet, weil man neue Übergriffe und Feindseligkeiten befürchtet. Schließlich veranlassen Mirjams Beziehungen zu russischen Männern Mendel dazu, trotz seines schlechten Gewissens (Jonas einem ungewissen Schicksal beim Militär zu überlassen und den immer noch kranken und in seiner körperlichen und geistigen Entwicklung verzögerten Menuchim einer befreundeten Familie zu übergeben), mit seiner Frau und Mirjam die galizische Heimat zu verlassen und nach Amerika zu seinem Sohn Schemarjah und dessen jungen Familie auszuwandern und dort einen Neuanfang unter anderen jüdischen Mitbürgern zu wagen.

3.2 Zweiter Teil

Im zweiten Teil des Romans schildert Roth das Leben der Mendels in New York. Schemarjah hat seine alte Identität abgestreift und nennt sich jetzt Sam. Er hat sich erfolgreich an die gesellschaftlichen Verhältnisse in Amerika angepasst. Auch Mirjam gelingt dies in kürzester Zeit. Nur Mendel und zum Teil auch Deborah halten an ihren religiösen und moralischen Prinzipien aus der „Heimat" fest. Gleichwohl geht Deborah ihren Weg. Als Anhängerin des Chassidismus kann sie die „Vorzüge" des freieren und selbstbestimmten Lebens in Amerika genießen. Mendel hingegen kann sich nicht assimilieren und findet keinen rechten Zugang zum „American way of life".

Obwohl es den Mendels zum ersten Mal in ihrem mühseligen Leben materiell etwas besser geht, tauchen intensive Gedanken an eine Rückkehr und quälende Erinnerungen an Menuchim auf.

Doch schon bald bricht eine Katastrophe über die Familie Singer herein, die zum völligen Zusammenbruch der Familie Mendels führt: Der Erste Weltkrieg bricht aus. Sam fällt für sein neues „Vaterland", Jonas gilt als im Krieg verschollen. Aber das reicht noch nicht. Als Mirjam die Todesnachricht von Sam überbringt, bricht Deborah zusammen und stirbt. Wenig später wird Mirjam psychisch krank und muss in eine Klinik. Diese Ereignisse überfordern Mendel und seine religiöse Duldsamkeit. Völlig verzweifelt bricht er mit seinem Gott, der ihn seiner Ansicht nach für seine Verfehlungen (Sam nicht vom Militäreinsatz zurückgehalten, Menuchim nicht mit nach Amerika genommen und Deborah nicht genügend geliebt zu haben) straft. Verschiedene Formulierungen des Erzählers lassen jedoch erkennen, dass der Bruch nicht unumkehrbar ist.

Den Vergleich mit dem biblischen Hiob, den seine Nachbarn und Freunde Mendel vor Augen führen, lehnt er ab, weil er nicht an Wunder Gottes (wie sie im Alten Testament vorkommen), glauben kann. Mendels schlechtes Gewissen nimmt immer mehr zu und die Gedanken an eine Heimkehr (zurück zu Menuchim) beschäftigen ihn immer stärker.

Während der Vorbereitungen auf das Osterfest verbreitet sich unter den Bekannten und Freunden die Nachricht, dass ein Musik-Ensemble aus der Heimat in New York weilt und seine Zuhörer durch ein ganz bestimmtes Lied in seinen Bann zieht. Ein Mitglied des Ensembles besucht Mendel und seine Freunde am Abend des Osterfestes. Es stellt sich heraus, dass es sich bei dem Fremden um den genesenen Menuchim handelt, der eine große musikalische Karriere angetreten hat. Vater und Sohn fallen sich in die Arme und Mendel glaubt an ein Wunder Gottes, so dass er sich wieder mit ihm versöhnt, weil Gott „die Augen zugedrückt" und „sich die Ohren zugehalten" hat. Menuchim, der neben Mendel als Einziger der Familie an den religiösen Anschauungen festgehalten hat, will mit seinem Vater in die (alte) Heimat zurückkehren. Ihm ist geglückt, die jüdischen Traditionen beizubehalten und sich dennoch in der modenen Welt zurechtzufinden.

Das Ende des Romans bleibt offen: Als der Sohn dem Vater Hoffnungen auf eine mögliche Genesung Mirjams macht, deutet sich ein weiteres Wunder an, das den alten Mendel überfordert: „Und er ruhte aus von der Schwere des Glücks und der Größe der Wunder." (S. 146)

4 Figurenkonstellation

Im Mittelpunkt des Romans steht Mendel Singer. Zu seiner Familie gehören seine Ehefrau und vier Kinder.

4.1 Mendel Singer: Das Familienoberhaupt (Patriarch)

Der Lehrer Mendel Singer ist ein einfacher Jude, der in der Gesellschaftspyramide im jüdischen Viertel Zuchnows ganz unten steht. Der Erzähler bezeichnet ihn als den „Gerechten", der fest die religiösen Vorschriften und Riten einhält. Die jüdische Herkunft verrät auch seine Kleidung. Sein unerschütterlicher Glaube an Gott lässt es nicht zu, dass Menuchim in einem Krankenhaus behandelt wird: Es sei Gottes Wille, dass er krank sei, deshalb würde eine Behandlung ihn auch nicht gesund machen können. Auf Gottes Willen führt er die Armut in seiner galizischen Heimat zurück und später in Amerika die verschiedenen Schicksalsschläge, die ihn treffen. Eine Anpassung seiner Lebensvorstellungen an den „American way of life" lehnt er kategorisch ab. Als seine Frau ihn für sein Verhalten kritisiert, bekennt er sich ihr gegenüber explizit zu seiner Herkunft: „Ich bin ein russischer Jude". (S. 100)

Mit dem Tod Deborahs und der Erkrankung Mirjams gerät Mendels Glauben ins Wanken. Hatte er bislang alle Schicksalsschläge als berechtigte Strafen und Heimsuchungen Gottes hingenommen, so rebelliert er nun offen und kündigt seine Beziehung zu Gott auf: „Gott will ich verbrennen." (S. 110) Gleichwohl kommt es nicht zu einer vollständigen Ablösung von Gott, weicht er doch vor einem letzten Schritt, dem Verbrennen der Gebetsutensilien, zurück. Aber er hört auf zu beten, weil er sich von Gott zu Unrecht schlecht behandelt fühlt. Als jedoch der geheilte und mittlerweile berühmte Menuchim in New York eintrifft und sich seinem Vater zu erkennen gibt, ist Letzterer sofort bereit, wieder seinen Frieden mit Gott zu schließen. Hat dieser Gott doch ein Wunder an seinem jüngsten Sohn vollbracht und damit ist die Glaubensgewissheit Mendels wiederhergestellt.

4.2 Deborah Singer: Die jüdische „Mamme" (Hausfrau)

Die Anhängerin des Chassidismus ist äußerst unzufrieden mit der sozialen Position und der absoluten Gottergebenheit ihres Mannes. Dies lässt sie ihn auch immer wieder spüren. Mendel indes überhört ihre Klagen und ignoriert ihre ihm gegenüber zum Ausdruck gebrachte Verachtung. Je mehr Mendel in seiner Tatenlosigkeit versinkt, desto geschäftiger wird Deborah. Sie ist es, die um eine Behandlung Menuchims und die Freistellung ihrer Söhne vom Militärdienst kämpft, indem sie all ihr Erspartes für die Fahrten zum Wunderrabbi, in die Stadt und für die Bestechung des Fluchthelfers Kapturak ausgibt. Schon im ersten Teil des Romans kommt es zur Entfremdung der Eheleute, weil Deborah vorzeitig altert und ihre äußere Attraktivität für Mendel verliert (S. 17). Die Folge davon ist, dass sie mehr nebeneinander her als miteinander leben. In Amerika nimmt die Distanz weiter zu (S. 94), vor allem, weil Deborah die Freiheiten der amerikanischen Lebensweise übernimmt. Sie geht ins Kino und ins Theater, geschmückt mit Ripskleid und goldener Kette. Mendel missbilligt das – in seinen Augen erinnert sie an ein „Lustweib" aus den alten Schriften. Dennoch ist Deborah enttäuscht vom neuen Leben in Amerika. Nicht alle ihre materiellen Erwartungen erfüllen sich, und sie merkt, dass sie im Grunde nicht in der Mitte der amerikanischen Gesellschaft angekommen ist, sondern nur in ein größeres Kluczysk (S. 84).

Während ihr Mann als strenger Vater der Kinder auftritt, zeigt sich Deborah sowohl in Galizien als auch dann in Amerika als fürsorgliche und mitfühlende Mutter, wobei sie den erkrankten Menuchim den anderen Kindern vorzieht. Das Mutter-Tochter-Verhältnis ist von Anfang an sehr gespannt, weil Deborah Mirjams zahlreiche Beziehungen zu Männern – auch aus religiösen Gründen – nicht gutheißt und das jugendliche Aussehen ihrer Tochter Neid in ihr aufkommen lässt. Einigkeit zwischen den beiden herrscht in der Beurteilung von Mendel: Sie werfen ihm Versagen vor, weil es ihm nicht gelingt, der Familie einen angemessenen Lebensstandard zu sichern und seine religiösen Überzeugungen die beiden Frauen in ihrer Entfaltung beeinträchtigt.

4.3 Exkurs: Die jüdischen Glaubensrichtungen

Das (moderne) Judentum ist durch eine Vielzahl von unterschiedlichen Glaubensrichtungen gekennzeichnet, so dass es schwer fällt, eine genaue Abgrenzung vorzunehmen. Trotzdem soll hier der Versuch unternommen werden, die religiösen Überzeugungen und Vorstellungen von Mendel und Deborah Singer zu skizzieren.

Mendel Singer ist zu den (ultra)orthodoxen Juden zu rechnen. Sein alltägliches Verhalten richtet er strikt nach den rituellen und Religionsgesetzen (Halacha) des Judentums aus. Seine Richtschnur ist die Thora (fünf Bücher Mose), sie wird auch als das mosaische Gesetz bezeichnet. Mendel widmet sein Leben der Beschäftigung mit und dem Studium dieser Bücher, während Deborah sich um die weltlichen Angelegenheiten (Haushalt und Kindererziehung) kümmert. Darüber hinaus beachtet er strengstens die Kleiderordnung (schwarze Anzüge und stets Kopfbedeckung) und die Vorschriften zur Nahrungszubereitung und -aufnahme. Die Regeln zur Feier des Sabbat werden von ihm sowohl in Zuchnow als auch in New York eingehalten.

Deborah Singer hat man sich als Anhängerin des Chassidismus vorzustellen. Schon 1927 urteilt Joseph Roth in seinem Essay „Juden auf Wanderschaft" über die Anhänger dieser Glaubensrichtung: „Sie sind für den Westeuropäer ebenso ferne und rätselhaft wie etwa die Bewohner des Himalaya […]". Gleichwohl soll hier eine kurze Charakterisierung des Chassidismus unternommen werden. Wörtlich übersetzen kann man den Begriff mit der „Bewegung der Frommen". Diese Bewegung wird dadurch gekennzeichnet, dass sie den strengen Riten und Gebräuchen eine gelebte Frömmigkeit entgegensetzt, in der Freude, Tanz und Gesang eine positive Einstellung zum Leben zum Ausdruck bringen. Diese liberalen Ansichten repräsentiert im Roman Deborah, die „schon zehnmal im Kino und dreimal im Theater" war und dazu „ein seidenes dunkelgraues Kleid" getragen hat. Allein dadurch „erinnert" sie Mendel „an eines der Lustweiber" (S. 83), von denen manchmal die heiligen Schriften erzählen.

Die höchste Achtung bringen die Chassidim ihrem religiösen Führer, dem Rebbe, entgegen. Im Roman bezeugt Deborah dem Wunderrabbi diese Wertschätzung. Er übt in der Vorstellung der Gläubigen eine Vermittlerrolle zwischen Gott und den Menschen aus.

4.4 Jonas Singer
(Der Bär)

Der älteste Sohn Mendels und Deborahs, Jonas,wird vom Erzähler als „stark und langsam wie ein Bär" (S. 19) charakterisiert. Als junger Mann führt er ein Leben, das den Vater in Aufregung versetzt, „ein Vater, der nicht aufhörte zu staunen, dass dieser Sohn seinen eigenen Lenden entsprossen war" (S. 35). Er strebt nicht die traditionellen jüdische (Handwerker-)Berufe an, sondern möchte ein Bauer sein: „Ich möchte betrunken sein und mit den Mädchen schlafen". (S. 22) Diesen Vorsatz setzt er in die Tat um, als er Pferdeknecht bei dem Fuhrmann Sameschkin wird (S. 35). Er bricht noch radikaler mit den jüdischen Konventionen, indem er beschließt, freiwillig in das Heer des Zaren einzutreten. Er gibt sein altes jüdisches Leben auf und will die „fremde" russische Lebensform übernehmen, weil sie ihm verlockender erscheint als die der eigenen Familie mit ihrer religiösen Tradition. Ob ihm die Assimilation an die neue Umgebung gelingt, bleibt im Roman offen, aber anzunehmen ist es. Nach dem Ausbruch des Ersten Weltkrieges gilt Jonas als verschollen. Mendel gibt sich später die Schuld dafür, dass Gott ihn straft, weil er es nicht geschafft hat, seinen Sohn von seinem Vorhaben abzubringen.

Das Verhältnis zu seinem Bruder Schemarjah ist gut, weil beide charakterlich sehr verschieden sind, sich dabei aber sehr gut ergänzen. Ihre Lebensentwürfe sind so unterschiedlich, dass sie sich nicht in die Quere kommen. Einig sind sich die Geschwister Jonas, Schemarjah und Mirjam in der Ablehnung des behinderten Menuchim. Sie verabscheuen seine Behinderung und gehen einmal so weit, ihn fast ertrinken zu lassen.

Bei der Betrachtung der verschiedenen Lebensläufe der vier Kinder Mendels werden Gemeinsamkeiten, aber auch Unterschiede deutlich. Sowohl Jonas wie Sam und Mirjam sind bereit, ihr altes Leben hinter sich zu lassen, anderswo neu anzufangen und sich ihrer neuen Umgebung anzupassen. Aber trotz aller Bemühungen sind ihre Assimilationsversuche letztlich nicht erfolgreich. Jonas und Sam bezahlen für den Versuch buchstäblich mit dem Leben, Mirjam wird von Krankheit befallen. Allein dem „Krüppel" Menuchim gelingt es, die jüdische Tradition mit der ihn umgebenden Kultur in Übereinstimmung zu bringen: Die Musik verbindet die jüdische Minderheit mit der russischen Bevölkerungsmehrheit.

4.5 Schemarjah (Sam) Singer
(Der Fuchs)

Im Gegensatz zu seinem Bruder ist Schemarjah „schlau und hurtig wie ein Fuchs" (S. 19). Er will ein reicher Mann werden und dazu in eine große Stadt ziehen (S. 22), wie er auf dem Rückweg von der Musterung betont. Die Flucht vor dem Militärdienst ermöglicht es ihm, seinen Traum in Amerika in die Tat umzusetzen. Als Versicherungskaufmann verdient er mit einem Kollegen in New York gutes Geld, kann eine Frau heiraten und eine Familie gründen. Ihm gelingt es, sich erfolgreich an die amerikanischen Lebensverhältnisse anzupassen. Als Mendel und Deborah ihn bei der Ankunft in Amerika wiedersehen, ist ihnen, als „wenn ein Sam über den alten Schemarjah gestülpt worden wäre, ein durchsichtiger Sam" (S. 77), so sehr hat er sich äußerlich schon an die neue Heimat angepasst.

Aber auch innerlich hat er die Anpassung vollzogen und die amerikanischen Vorstellungen von materiellem und gesellschaftlichem Erfolg als die seinen angenommen. Sein Verdienst ermöglicht es ihm, das jüdische „Armen"-Viertel zu verlassen und in eine Gegend zu ziehen, in der überwiegend reiche, auch nichtjüdische, Leute wohnen. Seinen Eltern gegenüber bleibt er jedoch der pflichtgetreue Sohn, wie es sich für einen Juden gehört. Als sein neues „Vaterland" Soldaten für den Ersten Weltkrieg braucht, meldet er sich freiwillig, weil er sich voll mit seiner neuen Heimat identifiziert. Als er im Krieg fällt, überlebt Deborah diese Nachricht nicht. Mendel verfällt in Selbstmitleid, heftige Gewissensbisse rufen Schuldgefühle in ihm hervor, seine Kinder und seine Frau vernachlässigt zu haben. Erst als das Auftauchen des tot geglaubten Menuchim Mendel neuen Lebensmut verleiht, erkennt er, dass er mit seinem Sohn, der Schwiegertochter und den Enkelkindern eine neue Familie bekommen hat. Das positive Gefühl wird noch verstärkt, weil die Tochter Menuchims ihrer Großmutter Deborah sehr ähnlich sieht. Nach Jonas ist Sam (Schemarjah) somit das zweite Kind Mendels, dass seinen Assimilationsversuch mit dem Leben bezahlt.

4.6 Mirjam Singer
(Die Gazelle)

Gleich auf den ersten Seiten wird das kleine Mädchen Mirjam als „junge Gazelle" vom Erzähler eingeführt, wenig später wird er sie als „kokett und gedankenlos" (S. 19) charakterisieren. Als junge und äußerst attraktive Frau zieht Mirjam die Blicke der russischen Soldaten (Kosaken) auf sich und lässt sich auf Affären mit ihnen ein. Mendel nimmt dies zum Anlass, mit ihr und Deborah nach Amerika auszuwandern, um seine Tochter von ihrem „unmoralischen und nicht religiösem Lebenswandel" abzubringen. Für Mirjam erfüllt sich mit dem Umzug nach New York ihr Lebenstraum: Ein Leben in Freiheit führen, ohne Rücksicht auf religiöse oder gesellschaftliche Konventionen: „In Amerika werde ich noch eher tun, was ich will." (S. 67) In New York lebt sie dann ihre Träume aus, indem sie „spazieren geht, tanzen geht, baden geht, turnen geht" (S. 83) und als „nobles Fräulein" (S. 84) und „schönste[s] Girl" (S. 86) weiter den (amerikanischen) Männern den Kopf verdreht. Aber für ihre Flucht aus den jüdischen Traditionen, für ihre Selbstverwirklichung und die Realisierung ihres Glücksanspruchs zahlt sie einen hohen Preis. Der Tod ihres Bruders und ihrer Mutter zerstört ihre Illusionen von einem sorgenfreien Leben in Amerika. Durch ihre psychische Erkrankung wird deutlich, dass auch ihr Versuch, sich veränderten, freieren Lebenskonzepten anzupassen, nicht von Erfolg gekrönt ist. Während ihr Bruder die Chancen des neuen Lebens nutzt, ist sie von der scheinbar grenzenlosen Freiheit der Möglichkeiten in Amerika überfordert, wandelt sich ihre Lebenslust in Lebensgier, an der sie schließlich zerbricht.

4.7 Menuchim Singer (Der Krüppel und der Tröster)

Das Sorgen- und Wunderkind der Familie Singer erkrankt an Epilepsie. Die besorgte Mutter erhält vom Wunderrabbi die Prophezeiung, dass er genesen und eine besondere Persönlichkeit werden wird. Allerdings macht ihr der Wunderrabbi zur Auflage, ihn nie zu verlassen. Entsprechend heftig sind Deborahs Gewissensbisse, ihn als „Krüppel" (S. 7) mit stark verzögerter Entwicklung der Familie Billes zu überlassen. Die Gedanken, ihn nach Amerika nachzuholen oder zu ihm nach Zuchnow zurückzukehren, beschäftigen und quälen Mendel und Deborah über die Jahre hinweg in Amerika. Gerade als sich die Möglichkeit zu ergeben scheint, ihn endlich nachholen zu können, bricht der Erste Weltkrieg in Europa aus und macht all ihre Hoffnungen zunichte.

Menuchim entwickelt sich langsam bei seinen Gasteltern. Als diese ihn zur Behandlung in ein Sanatorium schicken, wird dort sein musikalisches Genie entdeckt und der Aufenthalt im Sanatorium wird zum Ausgangspunkt seiner musikalischen Karriere (vgl. S. 134 ff.) Am Ende finden Vater und Sohn während eines Tourneeaufenthaltes Menuchims in Amerika wieder zusammen und gemeinsam mit Mirjam wollen sie nach Europa (in die „Heimat") zurück, wobei sie hoffen, dass Mirjam dort geheilt werden kann.

Menuchim ist das einzige Kind der Singers, das die jüdischen Wurzeln nicht aufgibt, auch wenn Zeichen der Assimilation an ihm festzustellen sind: Er spricht besser Russisch als Jiddisch und zeigt geschäftliches Geschick. Andererseits hält er an einigen jüdischen Gebräuchen und Vorstellungen fest, so dass bei ihm von einer gelungenen Integration auszugehen ist, die auf einer vorsichtigen Annäherung an die neuen Denk- und Kulturformen der „neuen" östlichen und westlichen Gesellschaftsstrukturen basiert.

4.8 Die Nebenfiguren

Im Roman treten noch weitere Figuren auf, die kaum konturiert, aber vor allem für den Fortgang der Handlung wichtig sind: Zunächst ein Wunderrabbi, der Deborah prophezeit, dass Menuchim genesen und berühmt werden wird. Zu diesem Mann gelangt Deborah mithilfe des Kutschers Sameschkin, der zwischenzeitlich auch der Arbeitgeber von Jonas ist und Mendel später zur Auswanderungsbehörde befördert. Dort trifft Mendel auf zahlreiche Beamte, die ihn schikanieren. Damit die Auswanderung am Ende möglich wird, benötigen sie die Hilfe Kapturaks, eines Menschen, über den wenig bekannt ist und der sich in erster Linie als Mittler zwischen der einfachen jüdischen Bevölkerung und den offiziellen Behörden hervortut.

Während des Aufenthaltes der Familie in Amerika findet Menuchim ein wenig Geborgenheit in der Familie Billes. Sam (Schemarjah) hat in Amerika seinen Geschäftspartner Mac gefunden, der sich vorübergehend um Mirjam bemüht, schließlich aber Sams Witwe Vega heiratet und damit der Stiefvater von Mendels Enkel wird. Mirjam tröstet sich mit dem Geschäftsführer, Mr. Glück.

Die Eheleute Singer treffen weitere „amerikanische Juden", die aber nur am Rande in Erscheinung treten.

5 Der Erzähler und sein Erzählverhalten

Joseph Roth hat als Erzählform den Er-/Sie-Erzähler gewählt. Die Erzählperspektive des Erzählers wechselt bei der Schilderung der Ereignisse im Roman immer wieder zwischen der Innenperspektive und der Außenperspektive (S. 18/19, 47 f.). Beim Erzählverhalten überwiegt das auktoriale Erzählverhalten, bei dem der Erzähler das Geschehen (auch vorausschauend) überblickt (vgl. S. 3, 19, 20, 95, 136) oder Wertungen und Kommentare (vgl. S. 3 oder S. 18, 19, 88) abgibt. Um den Eindruck einer größeren Nähe zum Protagonisten zu erzeugen, lässt Roth seinen Erzähler auch zum personalen Erzählen greifen (vgl. S. 7 f., 11, 22 ff.). Als Darstellungsformen wählt der Erzähler Berichte (S. 3 ff., 6, 9 ff.), Beschreibungen (z. B. S. 5), szenische Darstellung (S. 16: Spiegelszene, S. 27: Spuckszene, S. 57 ff.: Beim Urjadnik) und Kommentare (z. B. S. 3, 13 ff.). Zur Wiedergabe der Rede und Gedanken greift er des Öfteren auf die erlebte Rede zurück (S. 86: Mendel besucht Mirjam im Kaufhaus, S. 106: Mendel sitzt im Wartezimmer und wartet auf das Ergebnis der Untersuchung Mirjams) und seltener auf den inneren Monolog (S. 52: Deborahs Überlegungen vor der Verhandlung des Kutschgeldes mit Sameschkin, S. 65: Reflexion Deborahs über ihre Jugend, S. 81: Reflexion Mendels).

Joseph Roth lässt seinen Erzähler das Leben Mendel Singers chronologisch, einsträngig und linear schildern. Nur gelegentlich wird die Handlung durch Rückblenden (z. B. S. 18) oder durch Briefe der Söhne (von Sam: S. 40 ff. oder von Jonas: S. 90 f.) sowie durch Gespräche (z. B. S. 22: Unterhaltung zwischen Jonas und Schemarjah auf dem Rückweg von der Musterung) unterbrochen. Um dem Leser noch mehr das Gefühl der Unmittelbarkeit oder der unmittelbaren „Teilnahme" am Geschehen zu ermöglichen, wechselt das Tempus bei besonderen Anlässen vom Präteritum ins Präsens (S. 18: Erinnerung Deborahs an Mirjams Betreten der orthodoxen Kirche, S. 52: Beschaffung der Ausreise-Papiere, S. 72: Verabschiedung der Mendels, S. 95: Überlegungen, Menuchim nachzuholen, Ausbruch des Krieges).

Die Erzählstruktur mag auf den ersten Blick einfach und einsträngig erscheinen, aber bei genauerer Betrachtung kann man feststellen, dass der Erzähler zahlreiche unterschiedliche erzählerische Mittel einsetzt, um dem Leser einen Nachvollzug der Probleme und Verhaltensweisen seiner Protagonisten zu ermöglichen oder eine gewisse Distanz zu ihren moralischen und religiösen Vorstellungen oder ihrem Verhalten gegenüber Mitmenschen aufzubauen. Da ist einerseits das auktoriale Erzählverhalten, in dem der Erzähler immer wieder das Verhalten seiner Figuren kommentiert und deutet, und da sind andererseits die biblischen Bezüge der Handlung („Hiobgeschichte"), die ein Deutungsangebot für den Roman darstellen. Weniger explizit als die Hiobhandlung ausgeführt, aber doch noch deutlich genug zu erkennen, sind die Parallelen zwischen dem Lebenslauf Menuchims und der biblischen Josephsgeschichte, mit denen Interpretationshinweise vorgegeben werden.

6 Zeit- und Raumgestaltung

Auch bei der Zeitgestaltung hat Roth seinen Erzähler mit zahlreichen Möglichkeiten ausgestattet. Zum einen lässt er des Öfteren die Zeit raffen (S. 18: „Zehn Jahre waren vergangen" oder S. 39: „Also verrannen die Jahre.") oder die Zeit dehnen (S. 7: „Es war an einem heißen, sonnigen Vormittag" oder S. 9: „Eines Tages, eine Woche vor den hohen Feiertagen"). Es fällt auf, dass der Erzähler durch die genauen Zeitangaben besondere Ereignisse im Leben der Singers ankündigt, dass Formulierungen wie auf S. 5: „Am Ende jeder Woche" oder S. 6: „Die Tage dehnten sich zu Wochen" hingegen die Gleichmäßigkeit und regelmäßige Wiederkehr von Ereignissen anzeigen.

Zur historischen Einordnung der Handlung werden konkrete historische Ereignisse erwähnt (z. B. S. 95: „In Europa ist der Krieg ausgebrochen" oder S. 97: Kriegseintritt der USA).

Der überwiegende Schauplatz der Handlung im ersten Teil des Romans ist die Region um Zuchnow in Galizien, genauer gesagt, das jüdische Viertel in dieser Stadt. Mit dem Wechsel nach Amerika wird ein jüdisches Viertel in New York zum Hauptort der Handlung. Nebenschauplätze sind die Verwaltungszentren und die Grenzregion in Galizien.

Gesellschaftlich ist die Familie Singer im jüdischen Kulturkreis verortet. Er bestimmt nicht nur ihre Kleidung, das alltägliche Leben, sondern auch das Denken, Fühlen, Handeln und Sprechen sowie die Freunde und Bekannten der Eheleute und ihrer Kinder, wobei sich dann und wann notwendigerweise (Behördengänge) Kontakte zu den russischen und orthodoxen Nachbarn ergeben.

Atmosphärisch spielt die Ärmlichkeit im Schtetl eine große Rolle. Den jüdischen Bewohnern steht weder in Zuchnow noch in New York viel Wohnraum (S. 83) zur Verfügung. Einen großen Unterschied stellt Mendel fest: Der Ruhe und Abgeschiedenheit in Galizien steht der Lärm und die Hektik in den großen Städten Amerikas gegenüber. Gemeinsamkeiten sind in den Wohnquartieren der jüdischen Familien in Zuchnow und New York auszumachen: Es herrschen große Enge und Bescheidenheit. Man kann sich nur das Wichtigste zum Leben leisten: Das Leben ist überall teuer (vgl. S. 85).

Besondere Beachtung verdienen die Landschaftsbeschreibung und die Beschreibung des Himmels in Roths Roman. Beide Bereiche spielen für das Empfinden der Ostjuden eine bedeutende Rolle. Während die Landschaft Galiziens kaum wahrgenommen wird (vgl. die Natur-Beschreibung bei der Heimkehr der beiden Brüder von ihrer Musterung, S. 21 ff., oder während der Begrüßung des Neumonds, S. 46), wird der Beschaffenheit und den Farben des Himmels große Aufmerksamkeit geschenkt (vgl. dazu S. 10: Deborahs Nacht vor dem Besuch beim Wunderrabbi, S. 46: Begrüßung des Neumonds, S. 76: Nacht während der Überfahrt nach Amerika, S. 94: Erinnerungen an die galizische Heimat, S. 106: Mendels Erinnerung an die Heimat, während er auf die Diagnose des Mirjam behandelnden Arztes wartet, S. 146: Mendels Hinübergleiten in den Schlaf am Ende des Romans). Die Unfähigkeit, die Schönheit der galizischen Landstriche wahrzunehmen, wird häufig aus dem Gefühl der Heimatlosigkeit der jüdischen Minderheit und ihrer Fremdheit unter der russischen Bevölkerungsmehrheit heraus gedeutet. Schon in Roths Essay von 1927 „Juden auf Wanderschaft" heißt es: „Der Ostjude sieht die Schönheit des Ostens nicht. [...] Die große Mehrzahl kennt den Boden nicht, der sie ernährt." Trost finden die jüdischen Bewohner im „blauen" Himmel, dort, wo ihr allmächtiger und allwissender Gott thront, der alles erschaffen hat und seine Gläubigen am Leben erhält. Der Mensch erhofft sich Hilfe von Gott und deshalb beachtet er den Himmel mehr und nimmt ihn auch intensiver wahr.

7 Sprache und Stil

Besonderes Gewicht hat der Dichter Joseph Roth auf die sprachliche Gestaltung seines Werkes gelegt. Zum einen gehört dazu der Satzbau, der überwiegend parataktisch (vgl. z. B. S. 3) ist und dadurch einfach und verständlich scheint, jedoch durch die Verwendung zahlreicher rhetorischer Figuren die kunstvolle Durchformung verrät. Zum anderen trägt die Bildhaftigkeit dazu bei, die Anschaulichkeit und Eindringlichkeit des Roth'schen Schreibstils zu unterstreichen. Auch die Wortwahl ist z. T. bewusst einfach, archaisch und erinnert immer wieder an die Sprache der Bibel.

Der Einsatz dieser Mittel verdeutlicht, dass der Dichter seine künstlerisch-ästhetische Neuausrichtung (Abkehr von der Neuen Sachlichkeit) in seinem Roman umsetzen will.

Ein kurzer Überblick über die Vielzahl der eingesetzten rhetorischen Mittel mag verdeutlichen, wie bewusst Roth seinen Text formte:

- **Zwei- und dreifache Wortkoppelungen** (S. 3: „halblangen, landesüblichen jüdischen Kaftan“, S. 4: „seine schwarzen, trägen und sanften Augen“, S. 4: ärmer und ärmer)
  Anapher (S. 3 f.: „Sein Schlaf war traumlos. Sein Gewissen war rein. Seine Seele war keusch.“)
- **Chiasmus** (S. 4: „Er brauchte nichts zu bereuen, und nichts gab es, was er begehrt hätte.“, S. 76: „Nur der Himmel blieb still und blau, blau und still.“)
- **Wiederholungen** (S. 4 und S. 85: „Das Leben verteuerte sich“ und „Das Leben verteuerte sich zusehends“, S. 4: „manchmal ritt sie der Teufel“ und S. 54: „und da sie der Teufel der Eitelkeit ritt“, S. 84: „manchmal reitet sie der Teufel, S. 10: „finster war das Zimmer, finster war ihr Herz“, S. 99: „Finster war der Himmel. Finster war es in allen Stuben.“)
- **Farbsymbolik und Vergleiche** (S. 3: „rann sein Leben stetig dahin, wie ein kleiner Bach“, S. 4: „ bis er gelb wurde wie Safran“, S. 49: „Hinter ihm leuchtete ein gelber Schal auf, ein gelber Schal, ein gelber Schal.“)
- **Alliterationen** (S. 65: „violetten Wall von Wolken versinken wollte“, S. 93: „die herrenlosen Hunde heulten“, „schlurften die Schritte der Schlaflosen“)
- **Kontraste** (S. 9: „wie weißer Zahn aus der schwarzen Erde wuchs“, S. 102: „die Lampe leuchtet nicht mehr gelb, sondern weiß, hinter den Fensterscheiben ist die Welt schwarz“, S. 107: „vorbei an weißen Türen mit schwarzen Nummern“)
- **Steigerungen** (S. 3: „Gott hatte seinen Lenden Fruchtbarkeit verliehen, seinem Herzen Gleichmut und seinen Händen Armut.“)
- **Bildlichkeit/Metaphern** (S. 11: „Wangen, die in hellroten Flammen standen“)

8 Thematische Aspekte

Eigene Erfahrungen und Erlebnisse haben einen großen Einfluss auf die Themen und Gegenstände Joseph Roths. Ein Freund schreibt über ihn: „Er war ein freiwilliger Flüchtling von Anbeginn […]. Dabei litt er schon immer unter akuter Heimatlosigkeit.“ Flucht, Heimat und Fremde, Integration und Assimilation sowie Bewahrung und Festhalten an traditionellen religiösen Riten und Gebräuchen sind die wesentlichen Themen Joseph Roths.

Erste Aufschlüsse über die Absicht Roths, die Probleme der Ostjuden zu schildern, gibt sein Essay „Juden auf Wanderschaft“. Darin geht es unter anderem um die Auswanderung vieler osteuropäischer Juden nach Amerika. Der Autor beschreibt die bedrückenden Umstände, unter denen die jüdische Bevölkerung lebt, und die Pogrome, denen sie durch die russischen Behörden und Nachbarn ausgesetzt sind. Die jüdische Bevölkerung stellt eine religiöse Minderheit dar, die von den „Einheimischen“ argwöhnisch beobachtet wird. Den Assimilationsversuchen einiger steht die Mehrheitsbevölkerung ohnehin misstrauisch oder sogar gewalttätig gegenüber. Um diesen menschenunwürdigen Bedingungen zu entfliehen, wandern diejenigen, die sich eine Fahrkarte für die Überfahrt leisten können, nach Amerika aus. Doch schon bald müssen diese Menschen erkennen, dass die neue „Heimat“ auch nicht immer hält, was sie verspricht. Nicht alle können ihre Träume und ihre Hoffnungen realisieren, viele müssen ihre Vorstellungen von einem besseren Leben im freien Amerika begraben. Sie landen wieder in den jüdischen Gettos der großen Städte und wünschen sich oft in ihre „angestammte Heimat“ zurück.

Der Essay enthält auf wenigen Seiten die Geschichte, die Roth dann in seinem Roman „Hiob“ episch entfaltet. Auffällig dabei ist, dass Roth nicht nur seinen Protagonisten nach dem biblischen Vorbild benennt, sondern ihn auch sonst die Erfahrungen des Hiob aus der Bibel durchleben lässt. Bei allen Unterschieden zwischen dem biblischen und dem Roth'schen Hiob vereint die Frage nach der Beziehung zwischen dem Gläubigen und Gott die beiden Hauptfiguren. Beide durchleben Schicksalsschläge, die sie an den Rand ihrer Existenz führen und ihr Gottvertrauen nahezu erschüttern, beide erleben aber auch, dass Gott Wunder bewirken kann.

Neben diesen religiösen Grundfragen geht es in dem Roman auch um die Suche der Ostjuden nach einer Heimat. Im Essay wie im Roman gelingt es den Menschen nicht, sich dauerhaft heimisch zu fühlen. Sie bleiben „fremd“ im Land ihrer Eltern und Großeltern, weil sie sich absondern, auf ihren Überzeugungen beharren und Angst vor dem Verlust ihrer persönlichen Identität haben.

Aber auch in Amerika, dem Land ihrer Träume und der unbegrenzten Möglichkeiten, erfüllen sich viele Hoffnungen nicht – aus welchen Gründen auch immer. Mendel und Deborah halten an ihren bisherigen moralischen und religiösen Überzeugungen und ihren kulturellen Traditionen fest. Auch räumlich bewegen sie sich im Kreise von Gleichgesinnten. Deborah nutzt zwar manche Freiheiten des Lebens in Amerika, löst sich aber letztlich doch nicht aus ihren überkommenen Verhaltensweisen. Trotz des vermeintlich „besseren“ Lebens in Amerika erwägen Mendel und Deborah immer wieder die Rückkehr nach Galizien, weil das Heimweh ihnen zusetzt, sie sich in der „Fremde“ nicht wohlfühlen und der „American way of life“ keine echte Option für sie darstellt.

Schemarjah und Mirjam dagegen sind bereit, sich den neuen Lebensweisen anzupassen und sich an die Mehrheitskultur zu assimilieren. Dafür geben sie im Gegenzug einen Teil ihrer bisherigen Identität, ihres bisherigen Lebens, ihrer Wertvorstellungen auf. (Das gilt auch für Jonas, der sich zwar nicht in den amerikanischen, sondern in den russischen Kulturkreis integrieren will.)

Jedoch scheitern alle drei bei ihren Bemühungen. Jonas und Sam kommen im Krieg ums Leben, Mirjam erkrankt psychisch. Joseph Roths Fazit dieser Assimilationsbemühungen scheint eher ernüchternd und skeptisch auszufallen.

Am Beispiel des jüngsten Sohnes Menuchim zeigt er, wie eine mögliche Lösung aussehen könnte. Dieser hat sich den modernen Lebensweisen vorsichtig geöffnet und sich gleichzeitig seine kulturelle Identität als Jude erhalten.

9 Gattungsfragen

Roths Roman weist viele Anklänge an die epische Kleinform Märchen auf. Den Romanschluss haben zahlreiche Kritiker Joseph Roths als unbefriedigend empfunden, weil er zu märchenhaft sei. Doch übersehen diese Kritiker, dass im Text selber viele märchenhafte Elemente angelegt sind. Schon die ersten Sätze des Romans klingen nach einem Märchen, auch erinnern sprachliche Formulierungen, insbesondere die zwei- und dreigliedrigen Wortverbindungen, an die Sprache im Märchen. Die wunderbare Errettung Menuchims am Ende des Romans fügt sich nahtlos in diesen Märchenton. Die vielen Schicksalsschläge, die Mendel getroffen haben, lassen sich in der Realität nicht mehr auflösen, sondern können nur in der höheren Wahrheit des Märchens aufgelöst werden, das Zeichen und Wunder zulässt.

Der märchenhafte Schluss passt auch zur literarischen Neuorientierung Roths. Mit seiner Absage an die Neue Sachlichkeit und ihre nüchterne, dokumentarische, realitätsbezogene Schreibweise hat sich Roth die Möglichkeit eröffnet, die Realität schöpferisch zu interpretieren und Mendels Leben einen versöhnlichen Schluss zu geben, der im wirklichen Leben nicht mehr möglich wäre. „Das Mythische dient … als eine Hilfskonstruktion zum Überleben in einer Welt ohne Hoffnung", wie es ein Literaturwissenschaftler formuliert hat.

Neben dem Märchen hat die Kleinform der Legende Spuren im „Hiob" hinterlassen. Mendels entbehrungsreiches Leben ist dem Leben von Heiligen nachgebildet, die durch ihr beispielhaftes Verhalten (Gottesvertrauen auch in Zeiten schwerster Krisen) zum Vorbild vieler Gläubigen werden. Auch im Leben dieser Heiligen gibt es überraschende positive Wendungen, weil Gott immer wieder durch ein Wunder eingreift und alles zu einem guten Ende führt. Auf S. 140 veranschaulicht Roth mit den Worten: „im grünlich schillernden Rock stand Mendel in ihrer Mitte, wie ein unscheinbarer verkleideter König", dass Mendel auch von seinen Mitgläubigen als ein „Auserwählter" Gottes gesehen wird. Mendel begreift Gottes „Geschenk" als so groß, dass seine „Schlechtigkeit ganz klein" werde. (S. 141)

Literaturwissenschaftler haben immer wieder den parabelhaften Ton des Romans hervorgehoben. Der Einzelfall des einfachen Juden Mendel Singers stehe stellvertretend für viele jüdische Gläubige, die bedingungslos an ihren religiösen Idealen und ihrer Glaubensgewissheit festhalten. Wie Menuchim Mendel aus seinem Unglück erlöst wird, wird auch der jüdischen Glaubensgemeinschaft ein Retter, der Messias, kommen, der sie für ihre Ausdauer im Glauben entschädigt.

10 Rezeption des Romans

Die zeitgenössischen Kritiker und die Leser reagierten sehr unterschiedlich. Ein Großteil der Rezensenten besprach den Roman negativ. Sie vermissten den gesellschaftskritischen Ton, den Roth in seinen früheren Werken angeschlagen hatte. Die wenigen Bewunderer lobten vor allem die sprachliche Komposition und den Rückgriff auf die traditionelle Schreibweise. Der Roman verkaufte sich bis zu seinem Verbot durch die Nationalsozialisten jedoch recht gut und wurde im November des Erscheinungsjahres zum „Buch des Monats" gewählt. Schon im Jahr darauf erschien eine amerikanische Übersetzung, 1934 wurde das Buch in Amerika verfilmt. Die Verfilmung fiel bei der Kritik und beim Publikum durch. Anders erging es der dramatischen Inszenierung des Romans 1939.

Nach 1945 war Joseph Roth nur noch einer kleineren Leserschaft bekannt. Erst das Erscheinen einer viel beachteten Biografie von David Bronsen (1974) verhalf Roth wieder zu mehr Bekanntheit beim Lesepublikum, weil seine Werke nun wieder breiter verlegt wurden.

Die Verfilmung durch Michael Kehlmann (1978) erschloss dem Roman weitere Leserkreise. 2008 entschlossen sich die Münchner Kammerspiele zu einer Aufnahme der dramatisierten Version des „Hiob" in den aktuellen Spielplan. Die Aufführung fand so viel Interesse, dass das ZDF 2010 eine DVD der Inszenierung herausbrachte. Die Inszenierung lief und läuft immer noch mit Erfolg in München.

Kommentare und Lösungen

Modul I: Zugänge

INTENTION	Die Kopiervorlagen des ersten Moduls eröffnen den Schülern einen ersten Zugang zum Roman. Die Schlagwortwolke weist auf wichtige Themen und Aspekte voraus und ermöglicht eine spielerisch-kreative Auseinandersetzung mit diesen Aspekten. Die Abbildungen aus dem Materialienteil der Klett-Editionen (Titelbild der Zeitschrift „Literaturen" und Dürers „Hiob") sowie die biblische Hiob-Geschichte konkretisieren den inhaltlichen Zugriff auf den Roman.
ZEITBEDARF	Doppelstunde (= 90 bzw. 120 Minuten) Bei Zeitknappheit kann auf KV 1 verzichtet werden.
MATERIAL	KV 1: Mögliche Romanskizze entwickeln KV 2: Mögliche Romaninhalte antizipieren *Klett-Editionen mit Materialien, S. 148: Titelbild: Literaturen* *Klett-Editionen mit Materialien, S. 149: Albrecht Dürer: Der arme Hiob* *Klett-Editionen mit Materialien, S. 150 f.: Bibeltext: Das Buch Hiob*
DIDAKTISCHE HINWEISE	Diese Einführungsstunde sollte der häuslichen Lektüre vorausgehen und deshalb etwa zwei Wochen vor der Beschäftigung mit dem Roman stattfinden. Es geht darum, die Schülerinnen und Schüler auf die Romanlektüre einzustellen und das Interesse und die Neugier zu wecken. Deshalb ist es auch nicht erstrebenswert, dass sie mit ihren Vorstellungen und Antizipationen dem Roman Roths nahekommen. Vorrangiges Ziel ist es, einen ersten Zugang zu möglichen Inhalten und Themen des Romans zu finden.

ZIELVORSTELLUNGEN/ KOMPETENZ-BESCHREIBUNGEN	Die Schülerinnen und Schüler erwerben und verfügen über folgende Kompetenzen. Sie - antizipieren mögliche Themen und Inhalte des Romans - vertiefen ihre Überlegungen durch die Betrachtung und Deutung eines Titelbildes bzw. eines Altarbildes - analysieren und deuten den biblischen Text des Buches Hiob
SOZIALFORM	Unterrichtsgespräch/Einzelarbeit/Partnerarbeit
METHODISCHES VORGEHEN/ UNTERRICHTSSCHRITTE	1. Die/der Unterrichtende blendet die Schlagwortwolke von KV 1 ein und gibt den Schülerinnen und Schülern Zeit, ihre Assoziationen zu formulieren und mögliche Themen und Inhalte eines Romans zu antizipieren. 2. Dann sollen die Schüler eine Handlungsskizze für „ihren" Roman entwerfen. Wenn sie ihre Romanskizze vorgestellt haben, fordert die Lehrkraft sie am Ende dieser Erarbeitungsphase auf, zu Hause ein Titel-Cover für einen Roman zu entwerfen, das die in dieser Einführungsstunde entwickelten möglichen Inhalte und Gegenstände zum Ausdruck bringen soll.

3. Danach wird erst in Einzelarbeit, dann im Unterrichtsgespräch das Titelbild der Zeitschrift „Literaturen" und das Altarbild Dürers (vgl. Materialienteil der Klett-Editionen) besprochen und gedeutet. Zwei Motivkomplexe des Romans werden damit schon in den Blick der Schüler gerückt: Amerika als Zukunftsvision vieler Auswanderer, insbesondere auch vieler jüdischer aus Osteuropa, sowie das biblische Hiobmotiv.
4. Abschließend setzen sich die Schülerinnen und Schüler selbstständig in Einzelarbeit mit dem biblischen Hiob-Text auseinander, indem sie die Arbeitsaufträge auf der KV 2 bearbeiten. Zum Schluss verteilt und kommentiert (falls notwendig) die Lehrkraft die Arbeitsblätter für die häusliche Lektürephase und bespricht den organisatorischen Rahmen (Zeit und Umfang).

Lösungen

Kopiervorlage 1 → S. 10

1 Die Schülerinnen und Schüler sollen sich assoziativ zu den Begriffen äußern, indem sie versuchen, verschiedene Verknüpfungen der Schlagworte herzustellen. Dabei geht es nicht darum, dass sie sich der Romanvorlage annähern. Sie können ihre Gedanken und Vorstellungen frei entfalten.

2 Die Ausgestaltung der Romanskizze geschieht völlig frei unter Beachtung der Vorgaben. Es müssen auch nicht alle Begriffe verwendet werden. Das Exposee sollte jedoch in sich stimmig sein.

Aufgrund der Heraushebung könnte Hiob als Hauptfigur angesehen werden. Eventuell sind von den Schülerinnen und Schülern bereits Hinweise auf den biblischen Hiob zu erwarten.

3 Die Gestaltung des Anfangs und des Endes schließt die kreative Annäherungsphase ab und sollte der Lerngruppe eine erste Annäherung an einen Roman ermöglicht haben.

Kopiervorlage 2 → S. 11

I. Vision Amerika

1 und 2 Der Titel „Vision Amerika" ruft Vorstellungen hervor, die den Schülerinnen und Schüler durch die Redewendung „Das Land der unbegrenzten Möglichkeiten" bekannt sein dürften. Unterstützend kommen die Wolkenkratzer im Hintergrund hinzu, die zum einen die Redewendung zu bestätigen scheinen und die zum anderen die technischen Möglichkeiten und den Erfindergeist der Amerikaner veranschaulichen. Ferner ist anzunehmen, dass sie den Mann im Vordergrund als jüdischen Zuwanderer identifizieren, weil sie den Hut und den langen Bart als Kennzeichen der orthodoxen Juden kennen.

II. Albrecht Dürer: Der arme Mann Hiob

1 und 2 Hiob sitzt nur mit einem Lendentuch bekleidet und vom Aussatz befallen auf einem Misthaufen, während im Hintergrund ein Feuer sein Haus niederbrennt. Seine Frau gießt – statt ihn zu trösten oder seine Wunden zu versorgen – einfach ein Fass Wasser über ihn aus, was wenig dazu dienen kann, seine Leiden zu mildern.

3 Dürer ging es darum, Hiob als „Dulder" darzustellen, der trotz aller Heimsuchungen und Schicksalsschläge weiter auf Gott vertraut. Er kann so den Gläubigen als „Heiliger" vorgestellt und sein Verhalten als vorbildlich und nachahmenswert bezeichnet werden.

III. Der biblische Hiob

1 bis 5 Hiob zeichnet sich durch Reichtum und Wohlstand aus. Dies ist nach Auffassung des Satans der Grund, warum er gottesfürchtig sei. Weil Gott von der Standfestigkeit Hiobs überzeugt ist, ermuntert er den Satan, Hiob heimzusuchen. Als der Satan aber nichts ausrichten kann, erbittet er sich das Recht, Hiob körperlich schädigen zu dürfen. Wieder nimmt der so Heimgesuchte sein Schicksal an und wird von Gott mit neuem Wohlstand für seine Ergebenheit belohnt.

Modul II: Häusliche Lektürephase

INTENTION	Die selbstständige Erarbeitung eines [Vor-]Verständnisses des Romans steht im Vordergrund.
ZEITBEDARF	Für die Lektüre des Romans sollten die Schülerinnen und Schüler etwa vierzehn Tage Zeit erhalten.
MATERIAL	KV 3: Inhaltsübersicht für den Roman anlegen *Klett-Editionen mit Materialien, S. 172: Der Vorabend des Sabbat* *Klett-Editionen mit Materialien, S. 176 ff.: Kleines Glossar* *Klett-Editionen mit Materialien, S. 175: Chassidische Weisheiten* KV 4: Figurenkonstellation erfassen KV 5: Leseeindrücke während der Lektüre festhalten
DIDAKTISCHE HINWEISE	In dieser Phase geht es um die wiederholte Anwendung und weiterführende Erprobung der in der Sekundarstufe I und der in der Einführungsphase erlernten und erworbenen Erschließungskompetenzen. Die individuelle (!) Anfertigung der Inhaltsübersicht (KV 3) zwingt die Schülerinnen und Schüler zu einer intensiven Beschäftigung und Auseinandersetzung mit dem Roman. Die Figurenkonstellation des Romans wird in ersten Ansätzen über die Kopiervorlage 4 erschlossen. Die Schülerinnen und Schüler halten ihre Leseeindrücke schriftlich fest (KV 5). Sie werden in Modul III besprochen und als Grundlage für eine Kartenabfrage genutzt (vgl. S. 60). Die Vorbereitung des Kurzreferates zum Chassidismus dient der Information über die verschiedenen Glaubensrichtungen in der jüdischen Religion und dem besseren Verständnis der (religiösen) Ansichten der Ehefrau Mendel Singers, Deborah. Es unterstützt im Modul V die Beschäftigung und Auseinandersetzung mit den Glaubensunterschieden zwischen den Ehepartnern. Die Lehrkraft sollte aufgrund ihrer Kenntnis der Schülerinnen und Schüler entscheiden, ob sie nach der Lektüre eine schriftliche Überprüfung durchführt oder nicht (vgl. Modul III, KV 6).

ZIELVORSTELLUNGEN/ KOMPETENZ-BESCHREIBUNGEN	Die Schülerinnen und Schüler erwerben und verfügen über folgende Kompetenzen. Sie - legen zur Vertiefung und Sicherung des Verständnisses eine Inhaltsübersicht und eine (grafische) Figurenkonstellation an - werten Texte für ein Kurzreferat aus und strukturieren diese Informationen - erarbeiten ein vorläufiges Verständnis des Romans und entwickeln während der Lektüre Fragen- und Problemkreise zu dem Roman - formulieren eine/mehrere Arbeits- und Deutungshypothesen
SOZIALFORM	Einzelarbeit

Lösungen

Kopiervorlage 3 → S.12

1 Die Inhaltsübersichten der Schüler werden leicht unterschiedlich ausfallen. Eine besonders gelungene Variante kann vergrößert im Klassenzimmer aufgehängt werden. Den Schülerinnen und Schülern hilft eine solche Inhaltsübersicht bei der Navigation im Text und erleichtert das Wiederauffinden von Textbelegen.

Kopiervorlage 4 → S.13

1 und 2 Folgende Aspekte sollten bereits deutlich werden: Im Mittelpunkt steht die Familie Mendel sowie die zweite und dritte Generation: Eheleute, Kinder und Enkelkinder. Hinzu kommen Bekannte und andere Personen in Galizien und Amerika. Die Beziehungen können durch Ringe (Eheleute), Herzen (Zuneigung) oder Blitze (Ablehnung) usw. dargestellt werden.

Kopiervorlage 5 → S.14

1 und 2 Neben den Aussagen zur Primärrezeption sind vor allem die von den Schülerinnen und Schülern benannten Unterrichtsvorschläge bedeutsam, weil sie den Unterrichtenden Aufschlüsse über die Besprechungswünsche geben. Darüber hinaus bekommen die Lernenden die Gelegenheit, die Unterrichtsthemen mitzubestimmen, was sich positiv auf die Motivation zur Auseinandersetzung mit dem Roman auswirken und das Interesse erhöhen sollte.

Modul III: Sicherung des Textverständnisses

INTENTION/ DIDAKTISCHE HINWEISE	Der Schwerpunkt dieser Doppelstunde liegt in der Reflexion des Lektüreprozesses und der Absprachen zur weiteren Behandlung des Romans.
ZEITBEDARF	1 Stunde (= 45 Minuten bzw. 60 Minuten)
MATERIAL	KV 5: Leseeindrücke während der Lektüre festhalten KV 6: Textverständnis evaluieren

ZIELVORSTELLUNGEN/ KOMPETENZ-BESCHREIBUNGEN	Die Schülerinnen und Schüler erwerben und verfügen über folgende Kompetenzen. Sie - evaluieren ihre Textkenntnis (selbstständig) - thematisieren und konkretisieren ihre Fragen- und Problemkreise - erörtern ihre Vorschläge für Unterrichtsvorhaben
SOZIALFORM	Einzelarbeit/Unterrichtsgespräch/Gruppenarbeit
METHODISCHES VORGEHEN/ UNTERRICHTSSCHRITTE	1. Zunächst überprüfen die Mitglieder der Lerngruppe ihre Textkenntnisse des Romans. Dazu beantworten sie inhaltliche Fragen, entscheiden, welche Aussagen über den Text richtig oder falsch sind, und suchen im Text nach Wiederholungen und parallelen Formulierungen. Die während der häuslichen Lektürephase angefertigte Übersicht vermag hier wertvolle Hilfe zu leisten. Es bleibt der Lehrkraft vorbehalten, die Überprüfung auch in Form eines Kurztestes durchzuführen. Das kann in der Form eines (angekündigten) Tests erfolgen oder in Form einer Selbstevaluation. 2. Danach beschreiben und erörtern die Schülerinnen und Schüler ihre Leseeindrücke, ihre Verständnisprobleme und verständigen sich abschließend über die Unterrichtsvorhaben, die sie für das vertiefte Verstehen der Romanvorlage für unverzichtbar erachten. Dazu wird eine „Kartenabfrage" durchgeführt. Auf der Basis der Kopiervorlage 5 tauscht sich die Lerngruppe über die in der Lektürephase gewonnenen Eindrücke aus. Auf farblich unterschiedlichen Karten werden die positiven und negativen Erfahrungen an der Tafel gesammelt und thematisiert. Auf einer wieder andersfarbigen Karte werden die Verständnisprobleme festgehalten und im Anschluss an die erste Runde über die Primärrezeption erörtert. 3. Die größte Aufmerksamkeit sollte der Verabredung von unterrichtlichen Schwerpunkten gewidmet werden. Dazu werden erneut acht Karten ausgegeben, auf der die Lernenden ihre Vorschläge festhalten. Dann treffen sie sich in (vier) Sechser-Gruppen und beraten über die Themenvorschläge. Mit nur noch sechs Karten geht es in die nächste Runde: (zwei) Zwölfer-Gruppen. Hier einigen sich die Schülerinnen und Schüler wieder auf sechs Vorschläge, die sie an der Tafel fixieren und aus diesen dann nach intensiver Diskussion sechs bis acht Unterrichtsvorhaben verbindlich vereinbaren. In der Regel befinden sich unter den Vorschlägen sehr ergiebige Themen und Inhalte. Natürlich hat die/der Unterrichtende ein Mitsprache- und je nach Entwicklungsstand ein (umfangreicheres) Entscheidungsrecht. 4. Nachdem die Lehrkraft die verbindlichen Absprachen zu den Unterrichtsvorhaben der Lerngruppe ausgewertet hat, kann er/sie den Schülerinnen und Schülern eine Übersicht über die Unterrichtseinheit in Form eines Advance Organizers (vgl. S. 61) bereitstellen. Mit dieser Übersicht können sie sich jederzeit über das Vorhaben insgesamt informieren sowie sich den aktuellen Stand des unterrichtlichen Vorgehens vergegenwärtigen.

Lösungen

Kopiervorlage 6 → S. 15

I. Fragen zum Inhalt

1. Den gesunden älteren Kindern ist er ein sehr strenger Vater, nur bei Menuchim zeigt er Milde und Rücksicht.
2. Das Verhalten Mirjams und ihr Umgang mit russischen Soldaten nimmt er zum Anlass der Auswanderung.
3. Auf galizischem Boden hegt er die Hoffnung, in Amerika den drückenden Sorgen entfliehen zu können.
4. Nach vielen Jahren der Erkrankung und der verspäteten Entwicklung erfolgt die Heilung und wird man auf seine musikalische Genialität aufmerksam, so dass er zum Kapellmeister aufsteigen kann.
5. Die jüdischen Bevölkerung hält Distanz zu den Russen, weil die früheren Pogrome Angst in ihnen auslösen.
6. Jonas möchte Bauer werden und wird zunächst Pferdeknecht bei einem Fuhrmann.

II. Richtig-Falsch-Antworten

1. Richtig, 2. Richtig, 3. Richtig, 4. Falsch, 5. Falsch, 6. Richtig, 7. Falsch, 8. Richtig

III. Wiederholungen und ähnliche Formulierungen

1. S. 16 (und 51, 106)
2. S. 92 (und 115)
3. S. 109 (und 118)
4. S. 82 (und 92)
5. S. 4 (und 84)

Advance Organizer zu Joseph Roths „Hiob"

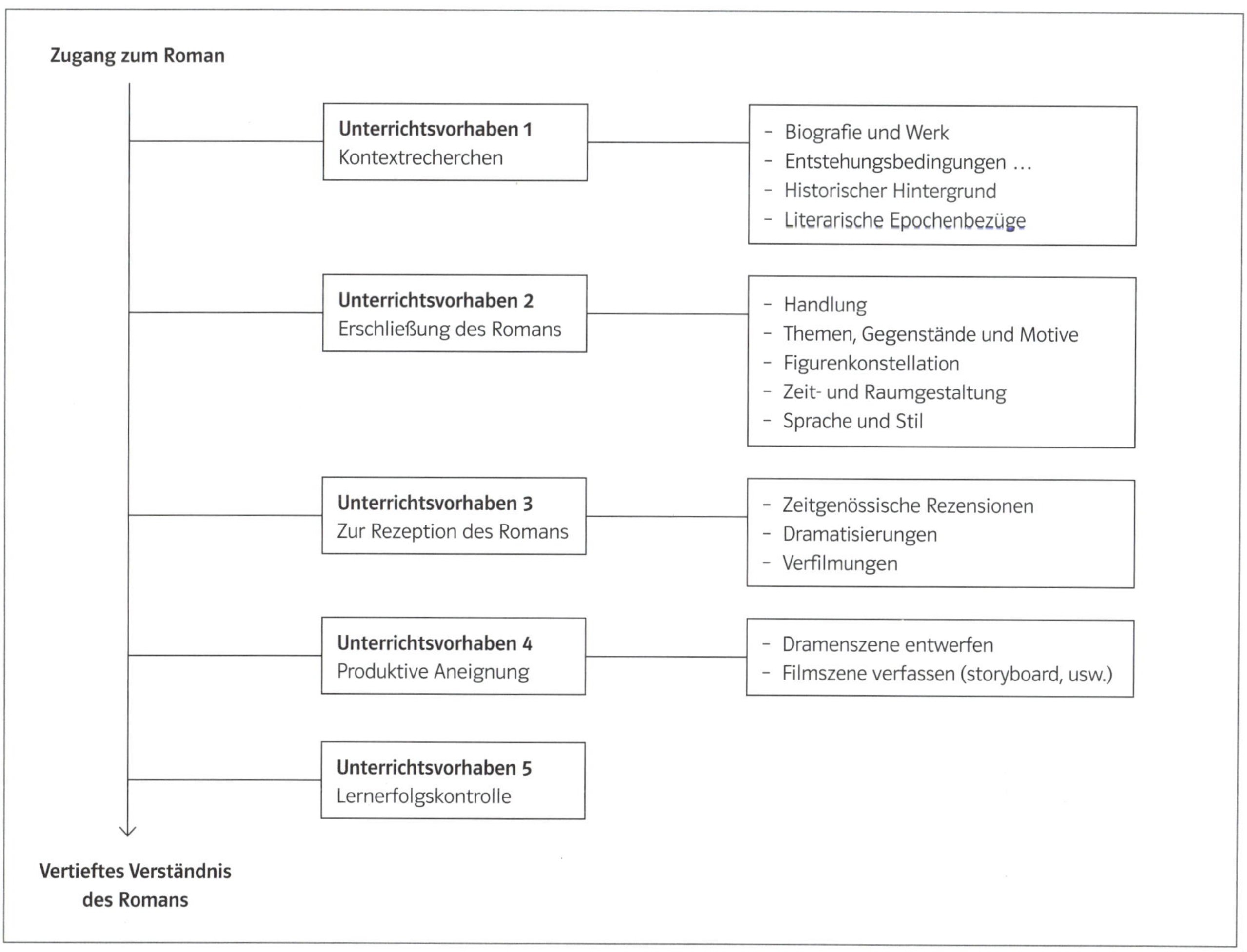

Modul IV: Historische, biografische und literaturgeschichtliche Kontexte

INTENTION	In diesem Modul sollen die Schüler den historischen Kontext des Romans erarbeiten sowie die Biografie Roths, die Entstehung des Romans und die literaturgeschichtlichen Kontexte in selbstständiger Recherche erarbeiten.
ZEITBEDARF	4 Stunden bzw. 3 Stunden (= 180 Minuten)
MATERIAL	KV 7: Historischen Hintergrund recherchieren *Klett-Editionen mit Materialien, S. 158 ff.: Informationen zum „Schtetl“* KV 8: Biografie und Werkverzeichnis Joseph Roths erstellen *Klett-Editionen mit Materialien, S. 204 f.* KV 9: Entstehungsbedingungen untersuchen und Autorintentionen erfassen *Klett-Editionen mit Materialien, S. 190 ff.: Joseph Roth: Schluss mit der Neuen Sachlichkeit* KV 10: Literaturgeschichtlichen Kontext recherchieren
DIDAKTISCHE HINWEISE	Aufgrund des Umfangs der zu bearbeitenden Materialien und aus Gründen der Zeitökonomie bietet es sich an, die Informationen zu den verschiedenen Kontexten (historischer Kontext, Biografie Roths, Entstehungskontext, literarischer Kontext) in Arbeitsgruppen erarbeiten und zusammentragen zu lassen. Ziel ist, dass die einzelnen Arbeitsgruppen das Ergebnis ihrer Arbeit in einem „Info-Markt“ präsentieren. Sie sollen ihre Ergebnisse in einem ca. zehnminütigen Vortrag mithilfe der in der Gruppenarbeit entworfenen Materialien (Texte, Folien, Schaubilder, Lernplakate) auf einem „Marktplatz“ erläutern. Die Kontext-Recherchen sind in vier Bereiche aufgeteilt: *1. Informationen zum historischen Hintergrund (vgl. KV 7)* Aus den Bildern und Sachtexten zum Schtetl (vgl. Materialienteil der Klett-Editionen) sowie eventuell weiteren Quellen stellen die Arbeitsgruppen einen informativen Text (Lernplakate) zum Leben, zur Gesellschaft, Politik und Wirtschaft der Ostjuden im Schtetl im Zeitraum um 1910 zusammen. *2. Biografie und Werkverzeichnis (vgl. KV 8)* Die Lernenden recherchieren im Materialienteil der Klett-Editionen und in ihnen weiter zugänglichen Materialien (Literaturgeschichten, Internet, usw.) Daten zum Leben und Schreiben Joseph Roths. Der Fokus soll auf dem Zeitraum der Entstehung des Romans liegen. Achtung: Das Material ist umfangreicher als das der anderen Gruppen. Entweder man lässt dieses Thema durch eine leistungsstarke Gruppe bearbeiten oder man legt von vornherein fest, dass immer nur ein Gruppenmitglied einen Aspekt bearbeitet. *3. Entstehungshintergrund und Intentionen des Autors (vgl. KV 9)* Das Ziel dieser Arbeitsgruppe ist es ebenfalls, aus den vorliegenden Materialien (kurzen Texten von und über Joseph Roth sowie einem Auszug aus der Joseph-Roth-Biografie von Sternburg) ein Lernplakat und/oder einen informativen Text zu verfassen, der den Mitschülerinnen und Mitschülern die Möglichkeit bietet, sich umfassend über die Entstehung des Romans und die Absichten des Autors zu informieren. *4. Literaturgeschichtliche Verortung (vgl. KV 10)* Zwei Textauszüge aus einer Geschichte der deutschen Literatur machen Roths Nähe zur Neuen Sachlichkeit deutlich, lassen aber auch seine Einzigartigkeit innerhalb der literaturgeschichtlichen Entwicklung erkennen.

BENÖTIGTES MATERIAL	Mehrere Bögen Packpapier oder Papierrolle zur Herstellung der Lernplakate, Eddings, Folien und Folienstifte, Befestigungsmaterial für die Lernplakate usw.
ZIELVORSTELLUNGEN/ KOMPETENZ-BESCHREIBUNGEN	Die Schülerinnen und Schüler erwerben und verfügen über folgende Kompetenzen. Sie - führen die verschiedenen Kontextrecherchen selbstständig durch - entwerfen Lernplakate, Folien, Informationstexte usw. - präsentieren und kommentieren ihre Produkte auf dem Info-Markt - machen sich Notizen an den fremden „Info-Ständen“ für die eigene Weiterarbeit am Roman
SOZIALFORM	Gruppenarbeit/„Marktplatz“-Lernen
METHODISCHES VORGEHEN/ UNTERRICHTSSCHRITTE	1. Zunächst erfolgt das individuelle Erarbeiten der Informationen in den verschiedenen Gruppen. Im Anschluss daran tauschen die Schülerinnen und Schüler ihr Wissen aus und besprechen die Anlage und die Gestaltung ihres Textes/Plakates. 2. Nach der Fertigstellung hängen in der Präsentationsstunde die Gruppen ihre Textdokumente, Grafiken, Bilder, Mindmaps usw. räumlich möglichst weit getrennt voneinander an verschiedene Wände des Klassenraumes oder des Flures. Je nach dem Erfahrungsstand des Kurses kann nun jede Gruppe vor ihrem „Produkt“ den Vortrag für die Mitschülerinnen und Mitschüler strukturieren und üben oder gleich mit der Präsentation beginnen. Dabei ist jedoch zu beachten, dass die Gruppen neu zusammengesetzt werden müssen. Dazu bieten sich verschiedene Verfahren an, die einfachste ist folgende Vorgehensweise: Die Lehrkraft bereitet nach der Anzahl der Gruppen und der Gruppenmitglieder (z. B. 4 Gruppen zu 5–6 Schüler/innen) Zettelchen mit den Ziffern 1 bis 6 vor. In den bisherigen Gruppenzusammensetzungen (blau, braun, …) lässt er/sie von jedem Schüler/von jeder Schülerin ein Zettelchen ziehen. Vor dem ersten Gruppenergebnis treffen sich nun alle Schüler/innen, die eine 1 gezogen haben. Vor dem zweiten Produkt versammeln sich alle, die eine 2 gezogen haben, usw. So ist gewährleistet, dass vor jedem Produkt ein Schüler/eine Schülerin der Ausgangsgruppe steht. 3. Jetzt erläutert der Schüler/die Schülerin, der/die an der Erstellung des Produktes beteiligt war, die Ergebnisse seiner/ihrer Gruppe. Nach den Vorträgen und Fragen oder Einwänden zu den Vorträgen der ersten Runde wechseln die Schüler/innen im Uhrzeigersinn zu dem nächsten Text, Plakat usw. Der Schüler/die Schülerin, die für das Produkt mitverantwortlich ist, hält nun seinen/ihren Kurzvortrag. Nach erfolgter Diskussion wechseln wieder alle Schüler/innen weiter, bis alle Gruppen ihre Ergebnisse präsentiert haben. Wichtig wäre, dass die Gruppen ihre Ergebnisse in der vorgegebenen Reihenfolge (Geschichtlicher Hintergrund, Leben und Werk Roths usw.) präsentieren.

Lösungen

Kopiervorlage 7 → S. 16

1 und 2 **A)** Das jüdische Schtetl ist ähnlich aufgebaut wie eine „christliche" Stadt des Mittelalters: Der Marktplatz ist das Zentrum, um das herum die reicheren Juden ihre Häuser errichtet hatten. Je weiter man von dem Zentrum entfernt wohnte, desto weniger Bedeutung oder Anerkennung genoss der Hausbesitzer. Weiter galten der Friedhof, das Gebetshaus und das Badehaus als besonders wichtig, wobei sich in reicheren Schtetlech sogar mehrere Synagogen für die unterschiedlichen Handwerker befinden konnten.
An der Spitze der jüdischen Bevölkerung steht die Versammlung der Hausväter, die die Beschlüsse des „Komitees" (Gruppierung ehrwürdiger betagter Gemeindemitglieder) endgültig bestätigt. Beide „Gremien" bestimmen über die anderen Gemeindemitglieder (Händler, Handwerker, Frauen und Kinder).

B) Das Schtetl war ein „jüdisches Zentrum […] mit einem eigenständigen geschlossenen Sozialsystem" (S. 166). Man teilte die wenigen Habseligkeiten und die Nahrungsmittel so auf, dass alle „irgendwie" überleben konnten. Es handelte sich um „eine scharf profilierte, in ihren Grundlagen gefestigte autonome Gemeinschaft mit einer eigenartigen Kultur […] inmitten von Armut und Hässlichkeit" (S. 165), die „von ihrer eigenen Überlegenheit überzeugt" war (S. 165).
Zu den anderen Bevölkerungsgruppen außerhalb des Schtetls unterhielt man in der Regel keine Kontakte. Sehr oft waren die Pogrome daran schuld, dass man die anderen gesellschaftlichen Gruppen mied.

C) Händler und Handwerker waren in der Überzahl, wobei Flickschusterei und -schneiderei als lukrative Tätigkeiten angesehen wurden. In größeren Städten zählte das Bankwesen zu den bevorzugten Tätigkeiten.

D) Die politischen Ansichten, die Gesetze der Mehrheitsbevölkerung und die staatliche Obrigkeit wurden immer respektiert und anerkannt. So kam es vor, dass die Söhne sich der Musterung des Militärs stellen mussten.

E) Man lebte gottesfürchtig und gottergeben, weil man das irdische Leben als Vorstufe des himmlischen ansah.

F) Die jüngeren Leute waren oft der engen religiösen und moralischen Vorschriften überdrüssig und wünschten sich mehr Möglichkeiten zur freieren Entfaltung. Auch materielle Überlegungen spielten durchaus eine größere Rolle, wenn junge Menschen sich zur Auswanderung entschlossen.

Kopiervorlage 8 → S. 17

1 *Biografische Angaben (Auswahl):*
1914–1916: Studium der Philosophie in Wien
1916–1918: Militärdienst in Galizien
1918–1920: Rückkehr nach Wien; feste Anstellung bei der Tageszeitung
1920: Umzug nach Berlin, Mitarbeit bei verschiedenen Zeitungen und Zeitschriften
1925: Zeitungskorrespondent in Paris
1926: Reportagereise durch die Sowjetunion
1927: Rückkehr nach Paris
1928: Beginn seiner Trunksucht
1929: Endgültiger Bruch mit der „Frankfurter Zeitung"
1930: Der Roman „Hiob" erscheint
1933: Reise nach Paris, Beginn des Exils

Werke und Schriften:
Roman: *Das Spinnennetz* (1923), Roman: *Hotel Savoy* (1924), Essay: *Juden auf Wanderschaft* (1927), Roman: *Flucht ohne Ende* (1927), Roman: *Zipper und sein Vater* (1928), Roman: *Rechts und Links* (1929), Artikel: *Schluss mit der Neuen Sachlichkeit* (1930), Roman: *Hiob. Roman eines einfachen Mannes* (1930), Roman: *Radetzkymarsch* (1932), Roman: *Die hundert Tage* (1935), Roman: *Bericht eines Mörders, …* (1936), Roman: *Das falsche Gewicht* (1937), Roman: *Die Geschichte von der 1002. Nacht* (1939), Erzählung: *Die Legende vom Heiligen Trinker* (1939)

2 und 3 Die Schülerinnen sollten weitere Romane Joseph Roths (zumindest *Radetzkymarsch*) kennenlernen. Das Lernplakat könnte über die wesentlichen Stationen seines Lebens (Galizien, Wien, Berlin, Paris) sowie über seine (frühe) Schaffensperiode (bis 1930) und späte Arbeitsphase (bis zu seinem Tod) informieren.

Kopiervorlage 9 → S. 18

1 und 2 **A)** Biografische Bezüge:
Die Ostjuden haben nirgends eine Heimat

B) Literarisch-ästhetische Gesichtspunkte:
„meine Melodie [ist] eine andere"; „Das Wesentliche ist der sprachliche Rhythmus"; Abweichen von der bisherigen Schreibweise: „Sprache bewegt sich zwischen Legende und Märchen"

C) Politisch-gesellschaftliche Vorstellungen:
Es gibt Ostjuden, welche sich an die Länder ihrer Wahl assimilieren und die Vorstellungen der einheimischen Bevölkerung von „Vaterland", „Pflicht", „Heldentod" und „Kriegsanleihe" vollkommen aufgenommen haben.

3 Der These Sternbergs ist zuzustimmen. Roth greift auf eigene Erfahrungen zurück und schildert persönliche Probleme. (Die eigene Heimatlosigkeit liefert die Folie für Mendels Anpassungsprobleme in Amerika und die schwerwiegende psychische Erkrankung seiner Frau bildet den Hintergrund für die Erkrankung Mirjams).

4 Joseph Roth hat in seinem Roman viele seiner eigenen Erfahrungen verarbeitet. Er war selbst als Kind jüdischer Eltern in Galizien geboren worden und hatte in seiner Kindheit das Leben in einem Schtetl kennengelernt. Auch war er ständig auf der Suche nach einer Heimat, so dass er die Motive und Verhaltensweisen der Ostjuden kannte.

Nach seinem Abrücken von der Schreibweise der Neuen Sachlichkeit kehrte er zu den traditionellen Erzählweisen zurück, die er in seinem Roman durch die Struktur und die Sprache zum Ausdruck bringt.

Der Autor versuchte in seinem Vorwort zu seinem Essay *Juden auf Wanderschaft* auf die besonderen Probleme der Ostjuden hinzuweisen und darauf, dass die Juden Achtung durch die Christen und Orthodoxen verdient hätten.

Kopiervorlage 10 → S. 19

1 In seiner frühen Phase schreibt Roth überwiegend journalistische Texte (Reiseberichte und Essays sowie einige Romane, die in der Regel den Vorstellungen der Neuen Sachlichkeit verpflichtet sind). In seiner späteren Schaffensperiode (nach 1930) entfernt Roth sich von seinen zeitkritischen frühen Romanen und verwandelt sich in einen Autor, der ganz klassisch-traditionell schreibt und dem die sprachliche Gestaltung seiner Werke ein besonderes Anliegen ist. In der Spätphase entwickelt und kultiviert er seinen eigenen Stil.

2 Auch in seiner „neusachlichen" Phase hat Roth jedoch schon an der sprachlichen Darstellung gefeilt und sich nicht nur dem herrschenden Trend angepasst.

Modul V: Figurenkonstellation

VORBEMERKUNG	Die folgenden Module V bis VIII dienen der Texterschließung des Romans. Sie können von den Schülerinnen und Schülern auch selbstständig im Rahmen von „Lernen an Stationen" erarbeitet werden. Ausführliche Hinweise, wie dieses Stationen-Lernen durchgeführt werden kann, finden sich nach Abschluss des Moduls VIII (vgl. S. 78f.).
INTENTION	Die sechs Kopiervorlagen dieses Moduls dienen dazu, sich ein Bild der sechs wichtigsten Personen des Romans zu verschaffen. Die Schülerinnen und Schüler charakterisieren die grundverschiedenen Eheleute Mendel und Deborah, vergleichen die beiden Brüder Jonas und Schemarjah mit ihren ganz und gar kontrastiven Lebenskonzepten, erfassen die Figur Menuchim aus der Sicht der einzelnen Romanfiguren und erarbeiten sich ein Bild Mirjams. Abschließend wird der Widerspruch zwischen den gesellschaftlich zugewiesenen Frauenrollen und den individuellen Weiblichkeitsentwürfen von Deborah und Mirjam Singer problematisiert.
ZEITBEDARF	6 Stunden (= 270 Minuten) bzw. 5 Stunden (= 300 Minuten) Bei Zeitknappheit können die KV 12 und 16 entfallen.
MATERIAL	KV 11: Mendel und Deborah Singer charakterisieren KV 12: Mendel und Deborah Singer als Vertreter unterschiedlicher religiöser Strömungen erkennen KV 13: Jonas und Schemarjah Singer vergleichen KV 14: Menuchim Singer – ein Figurenbild aus verschiedenen Perspektiven zusammensetzen KV 15: Mirjam Singer charakterisieren KV 16: Deborah und Mirjam – Frauenrollen vergleichen und bewerten
DIDAKTISCHE HINWEISE	Die Erarbeitung der Charaktere erfolgt in arbeitsteiliger Gruppenarbeit. Die Schüler sollen die einzelnen Figuren erfassen und erkennen, dass die Personen überwiegend kontrastiv angelegt sind. Vergleiche von Figuren (Mendel und Deborah/Jonas und Schemarjah empfehlen sich deshalb als methodisches Vorgehen. Menuchim ist im Buch als Leerstelle angelegt ist – der Leser erhält Informationen über ihn nur aus der Perspektive anderer Personen. Die Schülerinnen und Schüler werden aus diesem Grund gehalten, durch das Schreiben einer Rollenbiografie diese Leerstelle zu füllen. Der Figur Mirjam, die als Charakter wesentlich komplexer angelegt ist als ihre Brüder, sollen sich die Schüler erst einmal assoziativ nähern.

ZIELVORSTELLUNGEN/ KOMPETENZ-BESCHREIBUNGEN	Die Schülerinnen und Schüler erwerben und verfügen über folgende Kompetenzen. Sie – wiederholen zentrale Mittel der literarischen Personencharakterisierung – charakterisieren literarische Personen – erarbeiten die Charakteristik von literarischen Personen im Vergleich – vergleichen zwei unterschiedliche Frauenfiguren und erarbeiten die Widersprüche zwischen den gesellschaftlichen Normen und weiblichen Selbstverwirklichungsansprüchen – setzen sich mit unterschiedlichen Frauenrollen und -bildern auseinander
SOZIALFORM	Unterrichtsgespräch/Gruppenarbeit
METHODISCHES VORGEHEN/ UNTERRICHTSSCHRITTE	1. Die Kopiervorlage zur Charakterisierung Mendel und Deborah Singers wird im Klassenverband bearbeitet. Sie dient der Wiederholung der literarischen Charakterisierungsmittel und zeigt exemplarisch, wie man bei einer literarischen Charakterisierung vorgehen sollte: Auffinden von Textstellen, Schlüsse ziehen, Schlüsse mit Textzitaten belegen. 2. Im Anschluss daran erarbeiten die Schülerinnen und Schüler die Charakterisierung der weiteren Familienmitglieder mithilfe der vorstrukturierten Arbeitsblätter in arbeitsteiliger Gruppenarbeit. Die Charakterisierung Mendels und Deborahs wird vertieft durch das Einbeziehen ihrer religiösen Auffassungen. Mit Kopiervorlage 16 erhalten die Schülerinnen und Schüler ein vorstruktu-

riertes Arbeitsblatt, mit dem sie die beiden Frauenfiguren Deborah und Mirjam unter vorgegebenen Aspekten untersuchen und vergleichen. Sie erkennen, dass beide Frauen sehr unterschiedliche Lebenskonzepte verkörpern. Letztlich scheitern beide, weil sie ihre Glücksvorstellungen nicht leben können.

3. Die Ergebnisse der einzelnen Arbeitsgruppen werden anschließend im Unterrichtsgespräch vorgestellt und zusammengefasst.

Lösungen

Kopiervorlage 11 → S. 20

1 Mendel Singer ist zu Beginn des Romans dreißig Jahre alt. „[S]ein blasses Gesicht" (S. 3) wird von einem Vollbart umrahmt, während der Mund vom Bart verdeckt wird. Seine Augen sind groß und schwarz (ebenda). Seine Kleidung besteht aus der traditionellen jüdischen Kleiderordnung: Mütze, Kaftan und Lederstiefel (S. 3). Gleichmütig erträgt er sein mühseliges, von Armut geprägtes Leben (S. 3). Wie es die jüdische Religion vorschreibt, flüstert er mindestens vier Mal am Tag sein Gebet. Ansonsten lässt „der Gerechte" (S. 7) sich nichts zu Schulden kommen, so dass sein (religiöses) Gewissen rein ist (vgl. S. 3 f.). Die Geburt seines behinderten Sohnes Menuchims lässt ihn nach Ursachen für die empfundene Bestrafung durch Gott suchen, allerdings vermag er zunächst keine „Sünde" zu entdecken. Seine Familie unterhält er mit dem wenigen Geld, das er für seinen Religionsunterricht von den Kindern erhält. Mit seinen Glaubensbrüdern begeht er die traditionellen Riten. Zusammenfassend stellt der Erzähler zu Beginn fest, dass Mendel „ein ganz alltäglicher Jude" ist (S. 3).

Seine Ehefrau Deborah Singer bringt vier Kinder zur Welt, was sie vorzeitig altern lässt (S. 16) ebenso wie das oft nicht ausreichende karge und eintönige Essen. Hinzu kommen die Sorgen um ihren jüngsten Sohn, der an Epilepsie erkrankt ist. Obwohl sie mit ihrem Mann völlig unzufrieden ist (S. 4), erfüllt sie seine traditionellen Erwartungen, indem sie ihm eine gute Ehefrau und fürsorgliche Mutter seiner Kinder ist. Sie bemüht sich ständig um Menuchim (Reise zum Wunderrabbi, S. 9) und will ihn ärztlich behandeln lassen (S. 8), was Mendel aber untersagt. Aufgrund der materiellen Situation und der „Unfähigkeit" ihres Mannes, „schielte [sie] nach dem Besitz Wohlhabender und neidete Kaufleuten den Gewinn" (S. 4).

2 Die Beziehung der Eheleute erkaltet im Laufe der Zeit (S. 17, 46, 94) und sie leben all die Jahre nebeneinander her. Dabei verachtet Deborah ihren Mann immer mehr (S. 29), was Mendel zu der Auffassung gelangen lässt, dass sie zu einer „Krankheit" (S. 29) geworden ist. Die Entfremdung der Eheleute setzt sich auch nach der Auswanderung in Amerika fort: Deborahs vorsichtige Annäherung an die amerikanische Lebensweise interpretiert Mendel negativ. Ihr Verhalten erinnert ihn an die „Lustweiber" (S. 83), von denen die alten Schriften erzählen. Erst nach dem Tode Deborahs wird ihm klar, dass er sie nicht genug geliebt hat (S. 103) und so selbst schuld an der Entfremdung und seiner Einsamkeit ist.

Kopiervorlage 12 → S. 21

1 Mendels Gottesverständnis wird nicht nur in der Eingangsschilderung deutlich, sondern an ganz vielen Stellen im Roman. So auf S. 7: „Mendel, der Gerechte, floh vor keiner Strafe Gottes", S. 8: Er glaubt nicht an die Heilung Menuchims, „wenn Gott nicht will". Weitere ergiebige Formulierungen lassen sich auf den S. 12, 27, 28, 29 ff. finden. Alle Formulierungen weisen Mendel Singer als einen *orthodoxen* Juden aus.

2 Deborahs religiöse Überzeugungen unterscheiden sich völlig von denen Mendels. Zunächst glaubt sie an die Güte Gottes: „Denn sie glaubte, wie es geschrieben stand, dass Gottes Licht in den Dämmernissen aufleuchtete und seine Güte das Schwarze erhelle." (S. 8) Zweifel lassen ihre Überlegungen erkennen, als Deborah sich zum Wunderrabbi begibt: „Sie wagte nicht mehr Gott anzurufen, er schien ihr zu hoch, zu groß, zu weit, unendlich hinter unendlichen Himmeln." (S. 10) Aber anders als Mendel sucht sie nach „Vermittlern" zwischen ihr und Gott, um doch seine Hilfe zu erhalten: „Sie suchte nach toten Gönnern, rief die Eltern an, […] dann die Erzväter der Juden, […] zum Schluss die Erzmütter." (S. 10).

Bei Mendel liest sich das so: „Seine schlichte Frömmigkeit bedurfte keiner vermittelnden Gewalt zwischen Gott und den Menschen." (S. 12) Für Deborahs Gottesbild sind die Seiten 29, 64 f. 71, 83 ff. bezeichnend.

Kopiervorlage 13 → S. 22

1 Jonas Singer ist der älteste der drei Söhne und „stark wie ein Bär" (S. 13, 19). Bei der Musterung wird seine gute Gesundheit festgestellt (S. 20 f.), so dass er den Militärdienst ableisten muss. Jonas kann es kaum erwarten, Soldat zu werden (S. 22) und das Schtetl zu verlassen. So wird er noch vor dem Einrücken Pferdeknecht beim Fuhrmann (S. 34). Dort verwirklicht er seinen Lebenstraum und entfernt sich damit immer mehr von den religiösen Vorstellungen seiner Familie (S. 35), weshalb sie ihn als „einen Verlorenen" (S. 35 f., 47) betrachten. Er ist der erste Singer, der sich den Vorstellungen und Lebensgewohnheiten seiner russischen Umwelt anpasst. Jedoch bleibt es offen, ob ihm die Assimilation an die Mentalität der russischen Bevölkerungsmehrheit gelingt.

Schemarjah Singer, der jüngere der beiden, ist „schlau wie ein Fuchs" (S. 13, 19). Zwar verfügt er nicht über die physischen Kräfte seines Bruders, wirkt dagegen jedoch aufgeschlossener, neugieriger und zarter, aber geschicklicher (S. 14, 86). Auch er will das Elternhaus mit seiner räumlichen und geistigen Enge verlassen, um in einer großen Stadt reich zu werden (S. 22). Obwohl es ihm gelingt, in Amerika zu Wohlstand zu gelangen und sich der amerikanischen Lebensweise weitestgehend anzupassen (S. 77 ff.), bleibt Schemarjah den jüdischen Überzeugungen verbunden und empfindet „Heimweh fürs ganze Leben", wie es der auktoriale Erzähler auf S. 37 prophezeit. Zwar findet er eine Frau, mit der er eine glückliche Ehe führt, Geschäftspartner (Mac, Mr. Glück) und auch zahlreiche Bekannte und Freunde, zahlt aber für seine Anpassung einen hohen Preis. Er fällt im Krieg für sein neues „Vaterland" (S. 101).

2 Zwischen den Brüdern gibt es niemals Streit (S. 13), weil sie sehr unterschiedliche Charaktere haben und ihre Lebensentwürfe sich stark unterscheiden. In Galizien ergänzen sie sich, später realisieren sie Lebenskonzepte, wie sie unterschiedlicher nicht sein könnten.

Kopiervorlage 14 → S. 23

1 *Mendel Singer:*
Er betrachtet seinen kranken Sohn als eine Bestrafung Gottes (S. 28, 31). Einige Male versucht er Menuchim etwas beizubringen (S. 30 f.), jedoch scheitern seine Versuche (S. 46). Schließlich ist er bereit, Menuchim in Galizien zurückzulassen und nach Amerika auszuwandern, um die Tochter Mirjam vor schlechtem Umgang zu retten, auch wenn sein schlechtes Gewissen (S. 85) ihn immer verfolgt. Seine Hoffnung, Menuchim später in Amerika in die Arme nehmen zu können, gibt er niemals ganz auf (S. 93, 95). Erst sehr viel später nennt er seine Entscheidung eine „Sünde", die er bereut (S. 97).

Deborah:
Sie macht sich große Sorgen um Menuchim („rasende Zärtlichkeit", S. 11) und setzt alles daran, ihn zu einem Wunderrabbi (S. 9 ff.) zu bringen und Genesung für ihren Sohn zu erflehen. Nach der tröstlichen Weissagung des Wunderrabbi glaubt sie an eine Besserung (S. 12, 17), muss jedoch feststellen, dass ihr Sohn trotz ihrer Hoffnung auf ein Wunder (S. 64 ff.) keine große geistige Entwicklung durchmacht (S. 70) und das Wunder nicht eintritt (S. 73). Gleichwohl regt sich ihr schlechtes Gewissen (S. 74) , das sie auch zur Verzweiflung treibt (S. 71), doch eigentlich gibt sie die Hoffnung nie auf (S. 71, 85, 91). Auch ihr fällt es nicht leicht, den Sohn in Zuchnow zurückzulassen.

Die Geschwister:
Sie hassen Menuchim, weil beide Elternteile ihm ihre ungeteilte Aufmerksamkeit schenken (S. 8, 18) und versuchen sogar, den „Krüppel" (S. 15) zu ertränken (S. 14 f.). Mirjam fordert später ihre Mutter auf, „den Idioten" (S. 66) in Galizien zurückzulassen.

Die Familie Billes:
Sie hat sich nach der Abreise der Singers um Menuchim bemüht und ihn zur Behandlung in ein Krankenhaus gegeben und damit den Grundstein für seine musikalische Karriere gelegt (S. 136).

2 Die Ausformulierung der Rollenbiografie kann wie in der Kopiervorlage als Lebenslauf beginnen und dann durch die vorgeschlagenen Aspekte zur Rollenbiografie ergänzt werden.

Kopiervorlage 15 → S. 24

1 Mirjam Singer wird des Öfteren als „Gazelle" beschrieben. Eine assoziative Annäherung an ihre Person liegt deshalb nahe und führt bereits zu einem ersten Vorverständnis. Gazellen sind schlanke, sehr grazile und wendige Tiere, die als Beutetiere stets auf der Hut sein müssen. Sie sichern sich in Herden ab und scheuen bei Gefahr, indem sie sich durch hohe, elegant anmutende Sprünge in Sicherheit bringen.

2 Eine ähnliche Beschreibung wird von Mirjam auf S. 4 gegeben: „Ihre Glieder waren zart, ihr Gelenke zerbrechlich." Immer wieder betont der Erzähler ihre Attraktivität und ihr Erkennungszeichen, den gelben Schal (S. 19). Scheu zeigt sie sich den Männern gegenüber, provoziert sie durch ihr Verhalten und gibt sich ihnen schließlich hin (Verhältnis von Jägern und Beutetier, „Künderin der Lust", S. 19). Diese Lebenslust und der Drang nach Freiheit und Unabhängigkeit (S. 67) begleiten sie ihr Leben lang und führen schon früh zu einer Entfremdung von ihren Eltern und deren moralischen Vorstellungen. Damit sind gleichzeitig die Konflikte mit den Eltern, insbesondere mit ihrem Vater, vorprogrammiert (S. 56). Später, in Amerika, verbündet sie sich mit Deborah und protestiert zusammen mit ihr gegen Mendels Vorbehalte gegenüber der amerikanischen Lebensweise (S. 65, 67, 83). Ihr gelingt es nach und nach, sich den amerikanischen Verhältnissen anzupassen, allerdings überfordert sie der Verlust ihrer Mutter und ihres Bruders, so dass sie psychisch erkrankt. Bis zum Ende bleibt jedoch offen, ob sie geheilt werden kann.

3 Die Figur Mirjam kann als Beispiel für das Aufbegehren junger Töchter gegen ihr Elternhaus und dessen Wertvorstellungen gedeutet werden.

Kopiervorlage 16 → S. 25

1 *Stellung der beiden Frauen zum jüdischen Glauben:*
Deborah ist Anhängerin des Chassidismus: sie praktiziert Lebensnähe (S. 8), sucht Hilfe bei den Vorfahren (S. 28) und glaubt an Wunder (S. 64 ff.), während Mirjam aus der Enge der jüdischen Verhaltensvorschriften auszubrechen versucht. (S. 20, 57).

Rollenzwänge durch gesellschaftliche Konventionen:
Deborah ist Mendel eine gute Ehefrau (S. 5, 73, …) und trotz der Aussagen auf S. 8 eine fürsorgliche Mutter seiner Kinder (S. 8, 11, 33 f., …). Mirjam möchte sich dagegen den Rollenzwängen entziehen. In Gedanken begräbt sie sogar ihre Eltern (S. 56) und damit die religiösen und gesellschaftlichen Konventionen, die diese verkörpern.

Das Verhältnis zum anderen Geschlecht:
Deborahs sexuelles Verlangen lässt nach Geburt Menuchims stark nach (S. 15 ff., 53, …), darüber hinaus empfindet sie Verachtung für ihren Mann (S. 21, 27, …). Mirjam erscheint als „Künderin der Lust" (S. 19) und lebt ihre sexuelle Freiheit (S. 55) voll aus. Auch in Amerika geht sie mit verschiedenen Männern und gibt sich ihnen hin.

Selbstbestimmung versus Fremdbestimmung:
Deborah lässt sich von ihrem Mann ermahnen oder nimmt sogar Befehle von ihm entgegen (S. 5), auch wenn sie innerlich nicht einverstanden ist. Deshalb beneidet sie ihre Tochter wegen ihrer Freiheiten (S. 65).
Mirjam erhebt nicht nur den Anspruch auf freie Entfaltung der Persönlichkeit (S. 66 f.), sondern kämpft für ihre Selbstverwirklichung.

2. Deborah repräsentiert die durch das Patriarchat und die religiösen Vorstellungen gefesselte Frau im „Hiob". Im Hinblick auf ihre Persönlichkeit und ihre Verhaltensweisen stellt sie die Kontrastfigur zu ihrem Ehemann dar.

Mirjam wiederum verkörpert die Jugendträume ihrer Mutter. Im Gegensatz zur Mutter setzt sie ihre Vorstellungen von Glück und Weiblichkeit in die Realität um. Die Mutter reagiert darauf sowohl mit Zurückhaltung als auch mit stummer Unterstützung. Letzten Endes ist Mirjam aber mit dieser neuen, selbstbewussten Frauenrolle überfordert und scheitert mit ihrem Wunsch nach einem selbstbestimmten Leben.

Modul VI: Handlungsaufbau des Romans

INTENTION	Die beiden Stunden dienen dazu, Zeitstruktur und Handlungsaufbau des Romans zu verdeutlichen. Zudem sollen die Funktionen von Kapitel 13 und 15 für den Handlungsaufbau veranschaulicht werden.
ZEITBEDARF	Doppelstunde (= 90 bzw. 120 Minuten)
MATERIAL	KV 17: Zeitstruktur und Handlungsaufbau des Romans erarbeiten KV 18: Funktion der Kapitel 13 und 15 visualisieren und erläutern
DIDAKTISCHE HINWEISE	Das Zeitgerüst und der Handlungsaufbau des Romans werden durch die Grafik auf KV 17 rekonstruiert. Darüber hinaus soll die Handlung anhand der zu findenden „Kapitelüberschriften" noch einmal rekapituliert werden. Den Kapitel 13 und 15 kommt innerhalb des Romans eine besondere Bedeutung zu. Der Strang der „Hiob"-Handlung erreicht mit Kapitel 13 seinen Höhepunkt; mit der „Wunderszene" in Kapitel 15 wendet sich die Handlung unvermittelt. Mendel wird auf wundersame Weise gerettet.

ZIELVORSTELLUNGEN/ KOMPETENZ-BESCHREIBUNGEN	Die Schülerinnen und Schüler erwerben und verfügen über folgende Kompetenzen. Sie - rekapitulieren die Inhalte des Romans - erfassen die Zeit- und Handlungsstruktur des Romans - erkennen Kap. 13 und Kap. 15 als zentralen Höhe- bzw. Wendepunkt der Handlung
SOZIALFORM	Partnerarbeit/Unterrichtsgespräch
METHODISCHES VORGEHEN/ UNTERRICHTSSCHRITTE	1. Die beiden Kopiervorlagen werden nacheinander in Partnerarbeit ausgefüllt. Die erste Übersicht fokussiert auf der zeitlichen Struktur des Romans mit seinen Zeitsprüngen und Rückblenden und ruft die Romanhandlung noch einmal ins Gedächtnis. 2. Im nächsten Unterrichtsschritt wird die Beziehung von Form und Inhalt thematisiert. In Form einer Fieberkurve sollen die Schülerinnen und Schüler in Partnerarbeit auf der KV 18 die innere Befindlichkeit Mendels visualisieren: seine Niedergeschlagenheit wegen der Schicksalsschläge/ seine Leiderfahrungen/seine Schuldgefühle/sein Gottvertrauen. Bei der „Fieberkurve" geht es nicht um letzte Genauigkeit, sondern um die Erkenntnis, dass Kapitel 13 und 15 im Leben Mendels einen entscheidenden Höhepunkt bzw. Wendepunkt markieren. In Kapitel 13 erreicht seine Leiderfahrung ihren Höhepunkt, erscheint er als der biblische Hiob, für dessen Prüfungen keine Steigerung mehr möglich scheint, während in Kapitel 15 dann eine wundersame Wende einsetzt, indem der verschwundene Menuchim als Heilsbringer wieder auftaucht. 3. Die Ergebnisse der Partnerarbeit werden im Unterrichtsgespräch ausgewertet und gegebenfalls ergänzt.

Lösungen

Kopiervorlage 17 → S. 26

1 Zu ergänzen wären:

2. Kapitel: Probleme der Singers mit ihrem jüngsten Sohn und in der Ehe.

3.–5. Kapitel: Die Entwicklung der Kinder und die weitere eheliche Entfremdung und der Zerfall der Familie.

6. Kapitel: Der Brief Sams und die Motive für die Auswanderung.

7. Kapitel: Vorbereitungen zur Auswanderung.

8. Kapitel: Abschied von der Heimat und Überfahrt.

9. Kapitel: Übergang: Ankunft in Amerika.

10. Kapitel: Vorsichtiger Optimismus verbreitet sich in der Familie Singer.

11. Kapitel: Rückschlag. Der Erste Weltkrieg bricht aus.

12. Kapitel: Die Befürchtungen bewahrheiten sich: Tod Sams, Tod Deborahs.

13. Kapitel: Weiterer Schicksalsschlag: Erkrankung Mirjams und Mendels Abfall von Gott.

14. Kapitel: Mendel setzt sein gottfernes Leben fort und hört „Menuchims Lied".

15. Kapitel: Das Wunder wird wahr: Menuchim lebt und ist ein bekannter Dirigent.

16. Kapitel: Vater und (jüngster) Sohn sind vereint und Mendel schließt neuen Frieden mit seinem Gott. Neue Hoffnung auf Rückkehr in die Heimat (Galizien) keimt auf.

Kopiervorlage 18 → S. 27

1 Durch die grafische Darstellung soll insbesondere die Bedeutung des 13. und des 15. Kapitels herausgearbeitet werden. Es geht nicht darum, den jeweiligen Grad auf der Skala 1 bis 10 genau zu treffen, sondern vielmehr um die Erkenntnis, dass die „Hiob-Szene" (Kap. 13) und die „Wunder-Szene" (Kap. 15) zentrale Kapitel darstellen, einen Höhepunkt bzw. einen Wendepunkt der Handlung markieren.

2 Während im 13. Kapitel die Schicksalsschläge, die Leiderfahrung und die Schuldkomplexe ihre höchste Ausprägung erfahren, schlagen die Werte für diese Aspekte im 15. Kapitel ins Gegenteil um. Mendels Vertrauen auf Gott nimmt genau den entgegengesetzten Weg: Im 13. Kapitel will Mendel „Gott verbrennen" (S. 110), im 15. Kapitel kehrt sein Glaube zurück und Mendel glaubt sogar an Wunder (S. 141).

Modul VII: Thematische Aspekte

INTENTION	In diesem Modul werden die zentralen Themen und Motive des Romans angesprochen. Als wichtigstes Thema wird der Gegensatz Heimat und Fremde herausgestellt und das Problem, in einer neuen Umgebung Fuß zu fassen. Daneben wird die Geschichte Mendels in ihren biblischen Kontext gerückt und die Frage nach Schuld, Strafe und Gerechtigkeit gestellt.
ZEITBEDARF	6 Stunden (= 270 Minuten) bzw. 5 Stunden (= 300 Minuten) Bei Zeitknappheit können KV 19 und KV 20 entfallen.
MATERIAL	KV 19: Vorstellungen zum Begriff Heimat entwickeln KV 20: Definition zum Begriff „Heimat“ erarbeiten KV 21: Erfahrungen der Romanfiguren in Amerika beschreiben und deuten *Klett-Editionen mit Materialien, S. 184 f.: Joseph Roth: Ein Jude geht nach Amerika* KV 22: Die Erfahrungen der Romanfiguren im soziologischen Kontext deuten KV 23: Biblischen Kontext des Romans erarbeiten KV 24: Mendels Verhältnis zu Gott erschließen
DIDAKTISCHE HINWEISE	Die beiden ersten Kopiervorlagen schaffen bei den Schülern ein Problembewusstsein. Sie erwerben sich eine Vorstellung davon, was „Heimat“ für den Einzelnen bedeutet. So vorbereitet, können sie die Schwierigkeiten und Probleme, die das Leben in der neuen Heimat Amerika für die Mitglieder der Familie Singer mit sich bringt, besser nachvollziehen. Der Einstieg in den Problembereich Heimat erfolgt über die Placemat-Methode. Bei der Placemat-Methode geht es darum, dass die Lernenden ihre Vorstellungen über einen komplexen Sachverhalt austauschen. Dazu versammeln sie sich in 6er-Gruppen um ein Placemat herum und notieren in ihrem Abschnitt ihre Gedanken zum Thema „Heimat“ (ca. 5–8 Minuten), danach tauschen sie sich über ihre Einträge aus (ca. 5–8 Minuten). Nach der Diskussion entscheiden sie, welche Einträge (4–6) sie in der Mitte vornehmen wollen. Nach der Erörterungsphase fixieren sie ihre gemeinsamen Überlegungen (ca. 15 Minuten). Abschließend präsentieren alle Gruppen ihre Gruppenergebnisse den anderen Kursmitgliedern. Der biblische Kontext des Romans und Mendels schwieriges Verhältnis zu Gott wird mit den KV 23 und 24 erarbeitet.

ZIELVORSTELLUNGEN/ KOMPETENZ-BESCHREIBUNGEN KV 19, KV 20, KV 21 UND KV 22	Die Schülerinnen und Schüler erwerben und verfügen über folgende Kompetenzen. Sie - erarbeiten und klären den Begriff „Heimat“ mithilfe der Placemat-Methode und eines Lexikoneintrags - erfassen anhand eines Essayauszugs von Joseph Roth Möglichkeiten und Schwierigkeiten von Auswanderern - beschreiben und erklären, wie die Mitglieder der Familie Singer in der neuen Heimat Amerika zurechtkommen - deuten die Verhaltensweisen Mendels vor dem Hintergrund soziologischer Erkenntnisse - stellen einen Bezug her zwischen den Problemen der Familie Singer und den Problemen heutiger Einwanderer
SOZIALFORM	Gruppenarbeit / Unterrichtsgespräch / Einzelarbeit / Partnerarbeit

METHODISCHES VORGEHEN/ UNTERRICHTSSCHRITTE KV 19, KV 20, KV 21 UND KV 22	1. Mit der KV 19 wird den Schülerinnen und Schülern eine erste (gefühlsmäßige) Annäherung an den Begriff Heimat ermöglicht. Sie sollen sich mithilfe der Placemat-Methode zunächst über ihre eigenen, persönlichen Vorstellungen von „Heimat“ und „Fremde“ klar werden. 2. Die Lektüre und die Auswertung des Lexikonartikels auf der KV 20 werden dann benutzt, um zu einer distanzierteren, reflektierteren Einstellung zum Begriff „Heimat“ zu gelangen. 3. In einem nächsten Schritt werden mithilfe eines vorstrukturierten Arbeitsblattes (KV 21) die Gründe der einzelnen Familienmitglieder für die Ausreise nach Amerika zusammengetragen, die Erfahrungen, die sie in Amerika durchleben und ihr Verhältnis zur neuen Heimat. Zuvor lesen die Schülerinnen und Schüler einen Essay-Auszug von Joseph Roth „Ein Jude geht nach Amerika“, in dem die Auswanderung nach Amerika mit ihren Verlockungen und Schwierigkeiten als Gedankenspiel inszeniert wird. Ein Aufbruch aus der Heimat birgt viele neue Möglichkeiten, bedeutet aber auch den Verlust der Heimat. Die Fremde erfordert Anpassungsleistungen (z. B. eine neue Sprache, neue Lebensweisen), die der Auswanderer vielleicht nicht in der Lage oder willens ist, zu erbringen. Auf dem Hintergrund dieser Textlektüre dürfte es den Schülern leicht fallen, die Erfahrungen der Familie Mendel darzustellen und zu bewerten. 4. Der Text zum Thema „Verhaltensstrategien von Einwanderern“ (KV 22) referiert wissenschaftliche Erkenntnisse über Schwierigkeiten, die Einwanderer in ihrer neuen Heimat haben. Die Schülerinnen und Schüler werden aufgefordert, auf dem Hintergrund dieses Textes Mendels Leben in Amerika zu bewerten. Dazu sollen die Schülerinnen und Schüler kurze Äußerungen und Reflexionen Mendels, der sich trotz manch anderslautender Äußerungen am wenigsten an die neue Lebenswelt anpassen kann, deuten und anhand von soziologischen Erkenntnissen kommentieren. Als Ergebnis wird Mendels ambivalente Haltung gegenüber dem „American way of life“ festgehalten. 5. In einem abschließenden Arbeitsauftrag erfolgt eine Aktualisierung des Romans. Die Schüler sollen die Erlebnisse und Erfahrungen auf die bundesrepublikanische Gegenwart übertragen.

ZIELVORSTELLUNGEN/ KOMPETENZ-BESCHREIBUNGEN KV 23 UND KV 24	Die Schülerinnen und Schüler erwerben und verfügen über folgende Kompetenzen. Sie - stellen Bezüge zwischen dem biblischen Hiob und Mendel her - beschreiben und erläutern Mendels Verhältnis zu Gott im Laufe des Romans - erläutern Mendels Vorstellungen von Schuld, Strafe, Gerechtigkeit
SOZIALFORM	Partnerarbeit/Unterrichtsgespräch
METHODISCHES VORGEHEN/ UNTERRICHTSSCHRITTE KV 23 UND KV 24	1. Die Schüler erarbeiten zunächst die biblische Geschichte des Hiob, vergleichen sie dann mit dem Roman und halten inhaltliche Parallelen fest, die sie anschließend deuten. 2. In einem nächsten Schritt wird in Einzel- oder Partnerarbeit untersucht, wie Mendels Beziehung zu seinem Gott sich im Lauf de Romans wandelt. Ist er am Anfang ganz mit sich und Gott im Reinen und am Ende wieder eins mit seinem Gott, so ist das Verhältnis im Laufe des Romans doch vielen Prüfungen ausgesetzt. Die Schülerinnen und Schüler sollen im Detail herausarbeiten, wie Mendels Meinung zu seiner (Un-)Schuld sowie seine Ansichten über Gottes Strafe, Gerechtigkeit und Wunder sich wandeln. 3. Als Erkenntnis sollte am Ende der Stunde stehen, dass Mendel bei allem Zweifeln und aller Verzweiflung doch nie wirklich von seinem Gott abgefallen ist.

Lösungen

Kopiervorlage 19 → S. 28

Individuelle Lösungen werden erwartet.

Kopiervorlage 20 → S. 29

1 Die persönlichen Vorstellungen von „Heimat" werden durch den Lexikonartikel objektiviert und vertieft.

Wesentliche *Merkmale* der „Heimat" sind die Auffassung, zu einer territorialen Einheit zu gehören (Z. 1f.) und ein Verbundenheitsgefühl mit ihr zu entwickeln und zu besitzen (Z. 2). Je nach Herkunft aus unterschiedlichen Regionen kann das Gefühl mehr oder weniger intensiv ausfallen (Z. 7ff.).

Positive Begleiterscheinungen können sein: Orientierungs- und Bewertungsmaßstab (Z. 6), Gefühl von Sicherheit und Rückzugsmöglichkeit (Z. 14f.) sowie „individuelle Stabilisierungs- und Konsolidierungsprozesse" (ebenda).

Negative Folgen sind eventuell: Verengung des Blicks für Globalisierungschancen (Z. 16f.), „Beschränktheit" und „verklärte Gesellschaftsbilder" (Z. 19), aggressive Freund-Feind-Einstellungen und Unfähigkeit, soziale Konflikte zu erkennen und zu bewältigen (Z. 20f.).

Kopiervorlage 21 → S. 30

2 *Motive für die Auswanderung:*
Mendel möchte Mirjam vor weiteren religiösen Verfehlungen und sexuellen Kontakten mit russischen Soldaten bewahren, Deborah fügt sich dem Drängen und hofft auf eine Besserung ihrer materiellen und sozialen Situation. Für Mirjam steht die freie Persönlichkeitsentfaltung an höchster Stelle. Die Nachbarn freuen sich über Mendels „Glück", dass er die Erbärmlichkeit des Schtetls verlassen kann.

Veränderungen:
Schemarjah vollzieht einen Identitätswandel. Er gibt einen Teil seiner (jüdischen) Persönlichkeit auf und nimmt als Sam eine amerikanische „Teilidentität" an.
Bei der ersten Fahrt durch die neue Heimat überwältigen die auditiven und sensitiven Wahrnehmungen Mendel und lassen ihn ohnmächtig werden (S. 80). Gleichzeitig fühlt er sich seiner Identität nicht mehr sicher: „Bin ich noch Mendel Singer?" (S. 81).

Die neue Heimat:
Mendels Gefühle und Verhalten sind widersprüchlich. Obwohl der auktoriale Erzähler behauptet, Mendel fühle sich „beinahe heimisch in Amerika" (S. 82), denkt dieser an Abreise (S. 85) und Heimkehr (S. 91). Ernsthafte Anstrengungen, sich an die neue Heimat zu gewöhnen, unternimmt er nicht. Im Gegenteil, er bekennt sich Deborah gegenüber nachdrücklich zu seiner alten Identität: „Ich bin ein russischer Jude." (S. 100)
Sam dagegen identifiziert sich vollständig mit seinem neuen „Vaterland". So sehr, dass er sich verpflichtet fühlt, für seine neue Heimat in den Krieg zu ziehen (S. 98f.).
Deborah und Mirjam genießen die Freizügigkeiten ihrer neuen Heimat und finden emotional wieder stärker zueinander (S. 83).

3 Schemarjah ist derjenige, der sich am geschmeidigsten an die neuen Lebensverhältnisse anpasst. Mirjam genießt die neue Freiheit in vollen Zügen. Es gelingt ihr aber nicht, ihr Leben in eine ausgewogene Balance zwischen Freiheit und Gebundenheit zu bringen. Ihre psychische Erkrankung könnte Ausdruck dieses fehlenden Gleichgewichts sein. Auch Deborah macht von den Annehmlichkeiten des neuen Lebens Gebrauch. Mendel ist derjenige, der keine ernsthaften Anpassungsanstrengungen unternimmt. Er bleibt der, der er ist - ein ostjüdischer Schtetl-Bewohner.

Kopiervorlage 22 → S. 31

2 **A und B)** Die beiden einleitenden Fragen drücken Gleichgültigkeit und Skepsis aus angesichts der neuen Umgebung.

C) Die dritte Frage impliziert Zweifel an seiner „alten" Identität.

D) Der Kommentar des auktorialen Erzählers verdeutlicht das Gefühl des Identitätsverlusts.

E) Die Folgen zeigen sich auch im emotionalen Empfinden Mendels.

F) Der Erzähler bezeichnet Mendel schließlich als einsam.

G und H) Der folgende Erzählerkommentar macht Hoffnung, dass Mendel - zumindest vorübergehend - Amerika als „neue" Heimat annimmt, um dann diese Hoffnung mit der nächsten Äußerung wieder in Frage zu stellen.

Die hier zusammengestellten Äußerungen zeigen, wie Mendel die neue Heimat als Fremde erlebt. Hier ist er nicht mehr der alte Mendel Singer. Seine bisherige Identität passt nicht mehr, eine neue ist nicht in Sicht. Vordergründig will er wohl ankommen, aber in Wahrheit gelingt es ihm nicht, sich den neuen Verhältnissen anzupassen. Wie der zweite Teil zeigt, reagiert er mit verstärktem Traditionalismus auf die neue Umgebung.

3 Vorrangiges Ziel muss es sein, die Schülerinnen und Schüler für die besondere Situation der Migranten zu sensibilisieren und sie für ein solidarisches Miteinander zu gewinnen. Dabei ist den „kritischen Stimmen" durchaus Raum zu gewähren, sofern sie sich am Rahmen der Menschenrechtsartikel des Grundgesetzes orientieren.

Kopiervorlage 23 → S. 32

1 Der Bibeltext beschreibt Hiobs Verlust seiner materiellen Güter und seiner Bediensteten (V. 1.13–1.17), den Verlust seiner Kinder (V. 1.18–1.19) sowie seine Reaktion darauf (V. 1.20–1.22). Die Inhaltsangabe berichtet über die Krankheiten Hiobs und sein Hadern mit Gott, bis dieser ihn für seine Haltung belohnt. Die letzten Verse schildern Hiobs neuen Wohlstand und sein Lebensende.

2 Im Roman weisen folgende Abschnitte *inhaltliche Parallelen* zur biblischen Handlung auf:
Dem Verlust von Hiobs Kindern entspricht auf Mendels Seite der Verlust von Sam und Deborah. Mirjams schwerwiegende Erkrankung erschüttert ebenfalls seinen Glauben an Gott und führt zu Mendels Abfall (S. 101, 102 und 109 ff.). Entgegen Hiobs Unerschütterlichkeit „kündigt" Mendel seine Beziehung zu Gott (S. 109) und unterwirft sich erst wieder durch das „Wunder", das Vater und Sohn zusammenführt. Am Ende ruht Mendel aus „von der Schwere des Glücks und der Größe der Wunder" (S. 146).

Auf der *Deutungsebene* kann festgehalten werden, dass Mendel ein ähnliches Schicksal erleidet wie Hiob, jedoch ist Mendel selbst körperlich nicht von Krankheiten betroffen wie der biblische Hiob. Sein Abfall scheint zwar radikal zu sein, indem er seinen Freunden mitteilt: „Gott will ich verbrennen." (S. 110) Erste aufkeimende Zweifel an Mendels radikaler Abkehr von Gott erhalten nur wenige Seiten weiter ihre Bestätigung: „Obwohl Mendel mit Gott böse war, herrscht[e] Gott noch über diese Welt. Der Hass konnte ihn ebenso wenig fassen wie die Frömmigkeit." (S. 116) In seinem Rückblick auf den Abfall von Gott beschreibt Mendel das „Verhalten" Gottes ihm gegenüber in dieser Zeit mit den Worten, dass „der Herr […] die Augen zugedrückt […] sich die Ohren zugehalten" habe. (S. 141). Mendel gibt die Hoffnung niemals auf, dass er mit seinen beiden überlebenden Kindern (Mirjam und Menuchim) in seine „Heimat" nach Galizien zurückkehren kann. Joseph Roth lässt am Ende des Romans offen, ob sich Mendels Hoffnungen erfüllen werden.

Kopiervorlage 24 → S. 33

1 Folgende Einträge müssten in die drei Spalten vorgenommen werden:

Mendels (Un-)Schuld:
Unschuldsbehauptungen: „Und er durchforschte sein Gehirn nach irgendeiner Sünde und fand keine schwere." (S. 31), „wofür straft er, Gott?" (S. 109), „Gott ist grausam" (S. 111), „Schläge, die ich nicht verdient habe." (S. 112), „ich habe Gott geliebt, und er hat mich gehasst." (S. 113), „Ein schlechter Vater war ich" (S. 143).
Schuldanerkenntnisse: Mendel gesteht sich Schuld ein, weil er Menuchim verlassen hat (S. 96 f.), weil er Sam in den Krieg ziehen lassen hat (S. 99), weil er Deborah nicht hinreichend geliebt hat. (S. 103).

Gottes Strafe:
Krankheit Menuchims (S. 28); die beiden Söhne müssen zur Armee (S. 27); Mirjams Verfehlungen (S. 49); schlechtes Gewissen wegen des Zurücklassens Menuchims (S. 81, S. 85, S. 91); Tod Deborahs (S. 102); Erkrankung Mirjams (S. 107)

Gottes Gerechtigkeit:
„der Herr hat die Augen zugedrückt".

Gottes Wunder:
Hoffen auf ein Wunder Gottes: Menuchim soll gesund werden. (S. 64 f., S. 71); das Wunder bleibt aus (S. 73); neue Hoffnung auf Heilung Menuchims (S. 89, S. 93); Zweifel an einem Wunder Gottes (S. 112 f.); neue Hoffnung, Menuchim zu treffen (S. 121); das Wunder wird wahr: Menuchim lebt (S. 139 ff.).

2 Im Roman wird auf S. 109 deutlich gesagt, dass Mendels Herz zwar böse auf Gott war, „aber in seinen Muskeln […] noch die Furcht vor Gott" wohnte. Nur sieben Seiten weiter (S. 116) heißt es: „Obwohl Mendel mit Gott böse war, herrschte Gott noch über die Welt. Der Hass konnte ihn ebenso wenig fassen wie die Frömmigkeit." Auch an weiteren Stellen deutet der Erzähler an, dass Mendel den „Kontakt" zu seinem Gott nie ganz abgebrochen hat. Insofern sind Zweifel an Mendels Vorsatz „Gott will ich verbrennen" (S. 110) angebracht.

Modul VIII: Formale Aspekte

INTENTION	Mithilfe der beiden Kopiervorlagen werden formale Aspekte des Romans wie sprachliche Gestaltung und Erzählweise untersucht.
ZEITBEDARF	Doppelstunde (= 90 bzw. 120 Minuten)
MATERIAL	KV 25: Sprachliche Gestaltung des Romans untersuchen KV 26: Erzählweise Roths untersuchen
DIDAKTISCHE HINWEISE	Joseph Roths Romansprache mit ihrem vorwiegend parataktischen Satzbau erscheint auf den ersten Blick einfach, beinahe anspruchslos. Erst beim genaueren Hinschauen erkennt man, wie kunstvoll rhetorische Figuren und bildliches Sprechen den Text überformen. Auch durch einen gelegentlichen Tempuswechsel vom Präteritum ins Präsens wird der Eindruck der Unmittelbarkeit erzeugt. Der Leser gewinnt den Eindruck, ganz nahe am Geschehen zu sein. Durch all diese Mittel unterstreicht der Dichter seine künstlerisch-ästhetische Neuausrichtung (Abkehr von der Neuen Sachlichkeit). Als Erzählform hat Joseph Roth den Er-/Sie-Erzähler gewählt. Die Erzählperspektive des Erzählers wechselt zwischen der Innenperspektive und der Außenperspektive. Beim Erzählverhalten überwiegt das auktoriale Erzählverhalten. Um den Eindruck einer größeren Nähe zum Protagonisten zu erzeugen, lässt Roth seinen Erzähler auch zum personalen Erzählen greifen (vgl. S. 7f., 11, 22ff.). Zur Wiedergabe der Rede und Gedanken verwendet er des Öfteren die erlebte Rede (S. 86, S. 106) und seltener den inneren Monolog (S. 52, S. 65, S. 81). Zeit- und Handlungsgestaltung, die in Modul VI bereits angesprochen wurden, werden hier im Zusammenhang mit der Erzählweise noch einmal aufgegriffen und vertieft.

ZIELVORSTELLUNGEN/ KOMPETENZ-BESCHREIBUNGEN	Die Schülerinnen und Schüler erwerben und verfügen über folgende Kompetenzen. Sie - analysieren die sprachliche Gestaltung des Romans - beschreiben die Wirkung der sprachlichen Mittel - untersuchen die Erzählweise Roths - beschreiben die Wirkung der erzählerischen Mittel
SOZIALFORM	Partnerarbeit/Unterrichtsgespräch
METHODISCHES VORGEHEN/ UNTERRICHTSSCHRITTE	1. Die Schülerinnen und Schüler bearbeiten nacheinander mit einem Partner oder in einer Kleingruppe die beiden Kopiervorlagen. Die Ergebnisse der Partner- bzw. Kleingruppenarbeit werden im Unterrichtsgespräch ergänzt und, wenn nötig, vertieft. Da den Schülerinnen und Schülern das Erarbeiten formaler Aspekte meist besonders schwer fällt, sind auf der Kopiervorlage zur Sprachanalyse bereits die Untersuchungsaspekte genannt und auch die mögliche Wirkungsweisen bereits beschrieben. Bei ihrer Suche nach sprachlichen Mitteln sollten die Schüler sich auf die Kapitel 1 und 2 beschränken, um die möglichen Ergebnisse überschaubar zu halten. Eventuell kann noch Kapitel 10 einbezogen werden. Auch die Kopiervorlage zur Erzählweise bietet Hilfestellungen für die Schülerinnen und Schüler, weil schon verschiedene Definitionen vorgegeben sind.

Lösungen

Kopiervorlage 25 → S. 34

1 *Sprachliche Mittel:*

A) Auffällig häufig gebrauchte rhetorische Figuren:
- **Wiederholungen:** „Das Leben verteuerte sich" (S. 4 und 85), „Unbedeutend" (S. 4, 13), „ein fernes Trillern von Millionen Lerchen" (S. 16, 51, 106)
- **Zwei- und dreigliedrige Reihungen:** „Er war fromm, gottesfürchtig und gewöhnlich" (S. 3), „im halblangen, landesüblichen jüdischen Kaftan" (S. 3,), „von Jahr zu Jahr" (S. 4), „ärmer und ärmer" (S. 4), „zappelten und zuckten" (S. 6), „wie ein dauernder heißer und stechender Schmerz" (S. 8)
- **Parallelismus:** „Wenn die Sonne unterging, […] / Wenn die ersten Sterne […]" (S. 3)
- **Chiasmus:** „Er brauchte nichts zu bereuen und nichts gab es […]" (S. 4), „Die Scham stand am Beginn ihrer Lust, und am Ende ihrer Lust stand sie auch" (S. 17) …
- **Klimax:** „Die Tage dehnten sich zu Wochen, die Wochen wuchsen sich zu Monaten aus, zwölf Monate machten ein Jahr" (S. 6)
- **Antithese:** „ehrlicher Eifer und ohne aufsehenerregenden Erfolg" (S. 3)

B) Farbsymbolik und Vergleiche: „Gelb wie Safran" (S. 4), „gelb wie geschmolzene Sonne" (S. 5), …

C) Syntaxaspekte: Parataxe (S. 1 ff.), Tempuswechsel (S. 18, 52, …).

D) Bildlichkeit/Metapher: „mit hartem regelmäßigen Flügelschlag" (S. 3), „Wangen, die in hellroten Flammen standen" (S. 11); „Eine Wand aus kaltem Glas" (S. 15), „ erinnerte Deborah an einen vereisten See" (S. 16), …

E) Redewendungen: „ritt sie der Teufel" (S. 4, 54, 84)

F) Wortwahl: „Plage", (S. 3), „seinen Lenden Fruchtbarkeit verliehen" (S. 3), niederkommen (S. 5), „Segen" (S. 12), „Gnade" (S. 12)

2 *Wirkung* der eingesetzten sprachlichen Mittel:
- *Anschaulich, unterhaltend* sind: Vergleich, Chiasmus, Metapher
- *Eindringlich* sind: Zwei- und dreigliedrige Reihungen, Antithese, Parallelismus, Parataxe, Wiederholung, Reihung
- *Spannung* erzeugen: Steigerung …
- *Das (bessere) Verständnis* fördern: Redewendungen, …
- *An die Sprache der Bibel erinnern:* Wortwahl

Kopiervorlage 26 → S. 35

1 *Erzählperspektive:* Es überwiegt der auktorialer Erzähler: (S. 1 ff), zuweilen tritt ein personaler Erzähler auf: (z. B. S. 7 ff.).

Darstellungsweisen: Zu den bevorzugt eingesetzten Darstellungsweisen gehören die „erlebte Rede" (z. B. S. 106), und seltener der „innere Monolog" (z. B. S. 52). Die Zeit wird im Roman verschieden gestaltet. Neben den Zeitraffungen (S. 10, 39, …) trifft man auch auf Zeitdehnungen (z. B. S. 7 und S. 9). Darüber hinaus benutzt der Erzähler Zeitangaben, die die Alltäglichkeit unterstreichen (z. B. S. 5 und S. 6) sowie konkrete Zeitangaben, um historische Ereignisse einzuordnen, z. B.: Ausbruch des Ersten Weltkrieges (S. 95) oder den Kriegseintritt der USA (S. 97).

Handlung: Die von Joseph Roth konstruierte und fiktiv verdichtete Handlung schildert einsträngig und linear das Leben der Familie Mendel Singers, wobei der Protagonist mit seinen (religiösen und moralischen) Vorstellungen und seinen Verhaltensweisen im Mittelpunkt steht. Zwei räumlich weit entfernte und politisch, wirtschaftlich und gesellschaftlich stark verschiedene Schauplätze (Galizien und New York) sind die Orte, an denen der Autor die Probleme der persönlichen und kulturellen Identität von (ostjüdischen) Auswanderern thematisiert und die (negativen) Folgen für die Betroffenen analysiert.

2 Die *Wirkung* der eingesetzten erzählerischen Möglichkeiten zielt auf eine Lenkung und Steuerung der Leserin/des Lesers ab, um eine größere Nähe oder Distanz zu erzeugen. Andere Mittel dienen der Erleichterung des Verständnisses und dem besseren Nachvollzug der Denk- und Handlungsweisen der Hauptprotagonisten.

Alternative: Lernen an Stationen

Die Module V–VIII lassen sich bei fortgeschrittenen, selbstständigen Lerngruppen auch in Form des „Lernens an Stationen" durchführen, sofern diese über hinreichend Erfahrung mit eigenverantwortlichem Lernen verfügen.

ZEITBEDARF	Lernen an Stationen: 8 bzw. 6 Stunden (360 Minuten) Auswertung: 1 Stunde (45 bzw. 60 Minuten)
DIDAKTISCHE HINWEISE	Die Lernstationen müssen zu Beginn der Doppel- und Einzelstunden eingerichtet und gekennzeichnet, die Arbeitsblätter und die Zusatztexte in entsprechender Anzahl bereitgelegt werden. Der „Arbeitsplan zum Lernen an Stationen" (vgl. S. 79) sollte vor Beginn der Arbeit an den Stationen ausgeteilt werden. Es empfiehlt sich, Arbeitsaufträge und Vorgehensweise im Plenum zu thematisieren und anschließend eventuelle Fragen zu klären. Die Arbeit an den Stationen schließt sich an, wie es der Zeitrahmen vorgibt. Erfahrungsgemäß sollten die Schülerinnen und Schüler immer wieder ermuntert werden, die Stationen wirklich zu besuchen und sich nicht einfach die Materialien von dort an den Tisch zu holen, um sie in der (vertrauten) Partner- und Gruppenarbeit zu bearbeiten. Es ist beabsichtigt, dass sie sich immer wieder mit anderen Partnern oder Gruppenmitgliedern treffen, um die Aufgaben zu erarbeiten. Die/der Lehrende überlässt in dieser Phase möglichst den Lernenden die Aktivitäten. Sie/er berät sie und gibt ihnen Anregungen, falls sie einmal nicht weiter wissen.

BENÖTIGTES MATERIAL	(Laminierte) Kärtchen zur Kennzeichnung der verschiedenen Stationen, Arbeitsblätter (Kopiervorlagen und Zusatztexte), Placemat-Vorlagen
ZIELVORSTELLUNGEN/ KOMPETENZ-BESCHREIBUNGEN	Die Schülerinnen und Schüler erwerben und verfügen über folgende Kompetenzen, indem sie: - an verschiedenen Stationen selbstständig aus den bereitgestellten und eventuell selbst beschafften Materialien Informationen entnehmen und sie neu strukturieren - die verschiedenen Möglichkeiten des „selbstregulierten Lernens" (Selbsttätigkeit, Selbstorganisation und Selbstbestimmung) erproben und anwenden - durch die Erschließung der Aspekte Figurenkonstellation, Handlung, Themen, Sprache und Stil sowie Erzählweise ihr Verständnis des Romans vervollständigen und vertiefen - die an den verschiedenen Stationen selbstständig erworbenen Einsichten zu einer in sich stimmigen Deutung verdichten - sich nach der Phase des „Lernen an Stationen" über ihre Ergebnisse austauschen, sich über die Sicherung der Ergebnisse verständigen und ihre Lernwege reflektieren und gegebenenfalls modifizieren
SOZIALFORM	Einzelarbeit/Partnerarbeit/Gruppenarbeit
METHODISCHES VORGEHEN/ HINWEISE ZUM LERNEN AN STATIONEN	Die Module V bis VIII ermöglichen den Schülerinnen und Schülern im Rahmen des Stationenlernens die selbstständige Erschließung der verschiedenen Bereiche des Romans. Dabei vervollständigen und vertiefen sie das Verständnis des Romans nach und nach durch die Absolvierung der verschiedenen Stationen. Der Lernerfolg wird umso größer sein, wenn es den Lehrenden gelingt, ihre (Lehrer-)Aktivitäten zu reduzieren und die Schüleraktivitäten auszudehnen. Die Lehrenden stehen ihnen dann nur noch beratend zur Seite und geben ihnen bei Bedarf Hilfestellungen. Die Lernenden sollten am Ende der Unterrichtseinheit ihre eingesetzten Lernstrategien und den erzielten Lernzugewinn überprüfen und sich über eventuelle Modifizierungen verständigen. Der Ertrag dieser Vorgehensweise hängt wesentlich davon ab, dass die Schülerinnen und Schüler ihre Eigenverantwortung für das Lernen wahrnehmen. Sollte die Bereitschaft dafür noch nicht so ausgeprägt sein, können „Zwischensicherungen" vorgenommen werden, d.h., dass die Lernenden ihre Ergebnisse in schriftlicher Form („Spickzettel" oder „Buddy-Book") zusammenfassen.

Arbeitsplan zum *Lernen an Stationen*

Aufgaben
1. Die intensive Auseinandersetzung mit dem Roman „Hiob" sollen Sie an vier verschiedenen Stationen leisten. Entscheiden Sie sich zunächst für eine Station, suchen Sie sich gegebenenfalls eine Partnerin/einen Partner oder schließen Sie sich mit ca. fünf Mitschülerinnen/Mitschülern zu einer Gruppe zusammen. Auf jeder Tischgruppe finden Sie das Thema der Station sowie ein Materialpaket (eine Seite oder mehr). Lesen Sie die Aufgabenstellung und die Texte sorgfältig durch und erarbeiten Sie anschließend die Aufgabe(n) in der angegebenen Form. 2. Notieren Sie die Ergebnisse, die Sie an jeder Station herausgearbeitet haben, auf dem Arbeitsblatt oder in Ihren Unterlagen. Halten Sie auch offene Fragen fest. Alle Notizen werden die Grundlage für die Fortsetzung des Unterrichts nach dem Stationenlernen bilden. 3. Für die Bewältigung der Aufgaben an den Stationen stehen Ihnen 8 Stunden zur Verfügung. Über die Zeit, die Sie an der jeweiligen Station verbringen, und die Reihenfolge der Bearbeitung entscheiden Sie selbstständig. Bedenken Sie dabei, dass es manchmal hilfreich sein kann, noch einmal einen Blick auf die Ergebnisse der bereits absolvierten Stationen zu werfen. Einerseits können sich sachliche Zusammenhänge ergeben, andererseits können die bereits erworbenen Kenntnisse das Arbeiten an der neuen Station erleichtern und das Verständnis des Problems vertiefen.

Station	Material	Sozialform	Offene Fragen	Bearbeitung
Figurenkonstellation:				
– Mendel und Deborah Singer charakterisieren	**KV 11**	EA		
– Mendel und Deborah Singers unterschiedliche religiöse Vorstellungen erkennen	**KV 12**	PA		
– Jonas und Schemarjah vergleichen	**KV 13**	PA		
– Menuchim – ein Figurenbild aus verschiedenen Perspektiven zusammensetzen	**KV 14**	EA		
– Mirjam Singer charakterisieren	**KV 15**	PA		
– Deborah und Mirjam - Frauenrollen vergleichen und bewerten	**KV 16**	PA		
Handlungsaufbau des Romans:				
– Zeitstruktur und Handlungsaufbau des Romans erarbeiten	**KV 17**	GA		
– Funktion der Kapitel 13 und 15 visualisieren und erläutern	**KV 18**	PA		
Thematische Aspekte:				
– Vorstellungen zum Begriff Heimat entwickeln	**KV 19**	PA		
– Definition des Begriffs Heimat erarbeiten	**KV 20**	PA		
– Erfahrungen der Romanfiguren in Amerika beschreiben und deuten	**KV 21**	GA		
– Mendels Erfahrungen in Amerika im soziologischen Kontext deuten	**KV 22**	GA		
– Biblischen Kontext des Romans erarbeiten	**KV 23**	EA		
– Mendels Verhältnis zu Gott erschließen	**KV 24**	GA		
Formale Aspekte:				
– Sprachliche Gestaltung des Romans untersuchen	**KV 25**	EA		
– Erzählweise Roths untersuchen	**KV 26**	GA		

Modul IX: Poetologische Konzepte/Gattungsfragen

INTENTION	Mit diesem Modul wird die Erarbeitung des Romans abgeschlossen. Nachdem bislang vorwiegend textimmanente Erschließungskriterien im Mittelpunkt standen, werden nun textübergreifende Aspekte einbezogen. Die Schülerinnen und Schüler lernen das poetologische Konzept Joseph Roths kennen und diskutieren anhand verschiedener Definitionen, welcher Gattung der Roman zuzurechnen ist.
ZEITBEDARF	Doppelstunde (= 90 bzw. 120 Minuten)
MATERIAL	KV 27: Poetologisches Konzept Roths erschließen *Klett-Editionen mit Materialien, S. 190 f.: Joseph Roth: Schluss mit der „Neuen Sachlichkeit"* KV 28: Gattungsaspekte des Romans klären *Klett-Editionen mit Materialien, S. 194: Gero von Wilpert: Legende* *Klett-Editionen mit Materialien, S. 196 f.: Bernd Hüppauf: Der Mythos des Skeptikers*
DIDAKTISCHE HINWEISE	Um 1930 revidierte Joseph Roth seine bisherigen künstlerischen Vorstellungen und justierte seine literarische Arbeit neu. Wurde er bislang der literarischen Bewegung der Neuen Sachlichkeit zugeordnet, brach er in einem Aufsatz öffentlich mit dieser Schreibweise. Zwar sei eine „genaue Kenntnis der Realität" unverzichtbar für einen Schriftsteller, aber nicht die genaue Verwendung dieser Realität, sondern die „schöpferische Veränderung" zähle. Dabei plädiert er dafür, dass Autoren wieder die „Identität des Inhalts und der Form" des Kunstwerks beachten sollten und der Inhalt nicht von der Formlosigkeit verschlungen werde. „Hiob", in der Zeit dieser literarischen Neuausrichtung Roths entstanden, spiegelt den Umbruch im Schaffen Roths. Auf die kunstvolle sprachliche Gestaltung wurde in Modul VIII bereits eingegangen, hier wird nun das Changieren des Romans zwischen verschiedenen Gattungen, das sich wesentlich aus dem unerwarteten Schluss des Romans ergibt, zum Thema gemacht.

ZIELVORSTELLUNGEN/ KOMPETENZ-BESCHREIBUNGEN	Die Schülerinnen und Schüler erwerben und verfügen über folgende Kompetenzen. Sie - erarbeiten den Umschwung in Roths künstlerisch-literarischem Konzept - erfassen das poetologische Konzept des Autors - lernen verschiedene Gattungsdefinitionen kennen - wenden diese Definitionen auf den Roman an - setzen ihre Ergebnisse mit Joseph Roths literarischer Neuausrichtung in Beziehung
SOZIALFORM	Gruppenarbeit/Unterrichtsgespräch im Stuhlkreis
METHODISCHES VORGEHEN/ UNTERRICHTSSCHRITTE	1. Die beiden Kopiervorlagen werden im ersten Teil der Doppelstunde in arbeitsteiliger Gruppenarbeit erarbeitet. Bei der KV 27 sollen die Schülerinnen und Schüler aus zwei Texten Joseph Roths die grundlegenden Veränderungen seiner literarischen Position erarbeiten. Bei der KV 28 erarbeiten die Schüler Definitionen zur Legende, zur Parabel und zum Märchen und werten den Sachtext von Bernd Hüppauf unter dem Gesichtspunkt aus, welche Aussagen zur Gattungsfrage getroffen werden. Beide Arbeitsgruppen müssen zum Schluss die Ergebnisse ihrer Arbeit in einen kurzen Text mit Begründungen auf Karteikarten zusammenfassen. Diese Karteikarten werden im nächsten Unterrichtsschritt gebraucht. 2. Die Auswertung der Gruppenarbeit und die wechselseitige Information erfolgt in Form des Kugellagers. Die Mitglieder der beiden Arbeitsgruppen sitzen sich paarweise im Stuhlkreis gegenüber, sodass ein Außen- und ein Innenkreis entstehen. Die Schüler/innen im Innenkreis tragen anhand einer Karteikarte oder einer Skizze ihre Ergebnisse vor. Die Schüler/innen im Außenkreis hören zu, fragen nach oder/und machen sich Notizen. Nach dem Vortrag rückt der Innenkreis einige Stühle weiter, so dass sich andere Paare gegenübersitzen. Nun tragen die Schülerinnen

und Schüler des Außenkreises ihre Ergebnisse vor. Dazu benutzen sie ihre Aufzeichnungen. Die „Experten" des Innenkreises korrigieren und ergänzen das Gehörte. Dieses Vorgehen wird drei- oder vier Mal wiederholt.
Wenn die Lehrkraft sichergehen will, dass die Informationen fachlich korrekt und umfassend ausgetauscht werden, kann sie/er ein Mitglied jeder Arbeitsgruppe im „Stuhlkreis" gegenübersetzen und die wechselseitige Information noch einmal durchführen lassen. Die Mitschülerinnen und Mitschüler können dann korrigieren oder ergänzen, gegebenenfalls kann auch die/der Lehrende Korrekturen oder Ergänzungen vornehmen.

3. In einem abschließenden Unterrichtsgespräch werden die Ergebnisse der beiden Arbeitsgruppen zusammengefasst und miteinander verbunden. Die Schülerinnen und Schüler sollen den inneren Zusammenhang der beiden Themen der Unterrichtsstunde erkennen: Die Hinwendung zu neuen künstlerischen Ausdrucksformen bedingt das Wiederaufgreifen älterer Erzählformen und auch das Transzendieren der Realität am Romanende.

Lösungen

Kopiervorlage 27 → S. 36

2 und 3 *Roths literarisches Programm 1927:*
Aufgabe der literarischen Fiktion, stattdessen Aufzeichnung und Wiedergabe der mündlichen und schriftlichen Aussagen des „Zeitzeugen". Nachdrücklicher Hinweis auf die Schreibweise: „nichts erfunden, nichts komponiert", Absage an die Dichtung, Primat der Faktizität (des „Beobachteten")

Roths literarisches Programm 1930:
Zwar ist Kenntnis des Faktischen nötig als Voraussetzung, aber wichtig ist ein schöpferischer Umgang des Autors mit dieser Wirklichkeit. Der Erzähler ist Beobachter und Sachverständiger, sein Werk ist (durch die Sprache) eine literarische Konstruktion. Roth plädiert also für den Kunstcharakter des Kunstwerks. Er schreibt dazu: „Das Rohmaterial sinkt also in meinen Büchern zur Bedeutungslosigkeit einer Illusion. Einzig bedeutend ist die Welt, die ich aus meinem sprachlichen Material gestalte (ebenso wie der Maler mit Farben malt)." (Aus: Joseph Roth: Werke in 3 Bänden, Bd. 3, S. 378 f.)

4 Roths literarische „Entwicklung" wird in der Sekundärliteratur unterschiedlich beurteilt. Während die eine Gruppe von Literaturwissenschaftlern das Jahr 1930 als einen Wendepunkt in Roths Schaffen bezeichnet, geht die andere Gruppe davon aus, dass die Auseinandersetzung mit den Vertretern der Neuen Sachlichkeit eine Weiterentwicklung darstellt, weil der Dichter entgegen seiner Beteuerungen im Vorwort seines Berichts „Die Flucht ohne Ende" von 1927 immer schon zur literarisch künstlerischen Gestaltung (unter anderem durch Sprache und erzählerische Mittel) seiner Werke geneigt habe.

Kopiervorlage 28 → S. 37

1 Aus Gero von Wilperts Definition der Legende könnten folgende Stichwörter abgeleitet werden: Legenden sind Stücke aus dem Leben Heiliger oder Wunder und Geschehnisse aus den Lebensläufen, die durch ihre Vorbildlichkeit zur religiösen Erbauung dienen können. Dichter des 20. Jahrhunderts stellen vor allem das Wunderbare heraus.

Bernd Hüppauf erblickt im „Hiob" märchenhafte Züge. Er meint, dass sich Roth vor allem mit dem Schluss „offen märchenhaft" über die Verhältnisse der Wirklichkeit hinwegsetzt. In einer Welt ohne Hoffnung dient dieser märchenhafte Schluss als Hilfskonstruktion fürs Überleben.

Die Märchendefinition auf der Kopiervorlage verweist auf die sprachlichen Formulierungen in einem Märchen. Die sprachlichen Anklänge finden sich auch im „Hiob". Der Roman setzt gleich mit einem Märchenton ein: „Vor vielen Jahren lebte in Zuchnow …"

Die Definition der Parabel betont an dieser Gattung die Möglichkeit, sie „in den Dienst religiöser Verkündigung" zustellen.

2 und 3 Grundsätzlich scheint es möglich, alle drei Gattungsbezeichnungen auf den Roman anzuwenden. Für die Legende (des 20. Jahrhunderts) spricht, dass Mendel und Deborah immer wieder auf ein Wunder hoffen. Im Schicksal Menuchims manifestiert sich dieses Wunder dann.

Die märchenhaften Eingangs- und Schlussformeln rechtfertigen den Hinweis auf das Märchen.

Der Roman lässt sich auch als eine Parabel auf das Schicksal der Ostjuden deuten. Ihr stetes Hoffen auf ein besseres Leben im Jenseits wird im Roman dargestellt.

Modul X: Rezeption

INTENTION	Dieses Modul hat die Rezeption des Romans vom Erscheinen bis in die Gegenwart einschließlich der beiden Verfilmungen des Romans (1934 in den USA; 1978 in Österreich) zum Gegenstand.
ZEITBEDARF	4 Stunden bzw. 3 Stunden (= 180 Minuten) Ist die Zeit knapp, kann man sich auf KV 30 beschränken. Zeitbedarf ist dann eine Stunde.
MATERIAL	KV 29: Wirkungsgeschichte des Romans und filmische Adaption recherchieren *Klett-Editionen mit Materialien, S. 198 f.: Wilhelm von Sternburg: Zur Rezeption von Joseph Roths „Hiob"* KV 30: Neuere Rezension des Romans analysieren KV 31: Inszenierungsversuch des Romans erschließen und beurteilen *Klett-Editionen mit Materialien, S. 201 ff.: Teresa Grenzmann: Schicksalsschläge im Strickpullover*
DIDAKTISCHE HINWEISE	Die Rezeption des Romans wird unter unterschiedlichen Aspekten angegangen. Mithilfe der KV 29 und des Textauszugs aus Wilhelm von Sternburgs Roth-Biografie (vgl. Materialienteil der Klett-Editionen, S. 198 f.) untersuchen die Schülerinnen und Schüler die Rezeption des Romans in Form eines Längsschnitts von 1930 bis in die Gegenwart und verfolgen parallel dazu auch die Geschichte der filmischen Adaption. Eine neuere Rezension des Romans von Ulrich Greiner bietet die Möglichkeit, auf bereits erarbeitete Unterrichtsergebnisse einzugehen und diese zu vertiefen. Die Rezension betont, dass der Roman einen Wendepunkt im Schaffen Roths darstellt und korrespondiert damit mit früheren Erkenntnissen (vgl. Modul IX, KV 27). In der Spielzeit 2008/2009 brachten die Münchner Kammerspiele den Roman mit großem Erfolg auf die Bühne. Die Schülerinnen und Schüler sollen eine Rezension dieses Inszenierungsversuchs untersuchen (vgl. Materialienteil der Klett-Editionen, S. 201 ff.) und anschließend im Internet weitere Informationen zu dieser Aufführung recherchieren, damit sie fundiert zum Inszenierungskonzept Stellung nehmen können. Ob die weitergehenden Recherche-Aufgaben bei KV 29 und 31 durchgeführt werden können, hängt von der Ausstattung mit Computern im Klassenzimmer ab. Wenn diese nicht gegeben ist, werden diese Aufgaben als Hausaufgaben gestellt.

ZIELVORSTELLUNGEN/ KOMPETENZ-BESCHREIBUNGEN	Die Schülerinnen und Schüler erwerben und verfügen über folgende Kompetenzen. Sie - lernen verschiedene Abschnitte der Rezeptionsgeschichte kennen - recherchieren über die Verfilmung des Romans von 1978 - analysieren eine heutige Rezension des Romans und setzen sie in Beziehung zu den bisherigen Unterrichtsergebnissen - setzen sich kreativ mit der Textvorlage auseinander, indem sie selbst eine Rezension des Romans verfassen - untersuchen eine Aufführungskritik des inszenierten Romans, erschließen und bewerten ein Inszenierungskonzept
SOZIALFORM	Gruppenarbeit/Unterrichtsgespräch

METHODISCHES VORGEHEN/ UNTERRICHTSSCHRITTE

1. Die Rezeption wird in arbeitsteiliger Gruppenarbeit untersucht. Jede Gruppe übernimmt eine Kopiervorlage.
2. In der anschließenden Präsentation stellen die Gruppen einander ihre Ergebnisse vor und diskutieren dann die Rezeption und Adaption bis in die Gegenwart. Die Sicherung aller Ergebnisse erfolgt auf den verschiedenen Arbeitsblättern, die am Ende *alle* Schülerinnen und Schüler in Händen halten.
3. Auf dieser Grundlage und anhand der unterrichtlichen Interpretationsergebnissen erhalten die Schüler den Arbeitsauftrag, eine eigene Rezension des Romans zu verfassen.
4. Schön wäre natürlich, wenn die DVD mit der Aufzeichnung der Aufführung der Münchner Kammerspiele im Unterricht gezeigt werden könnte – entweder in Auszügen oder in voller Länge.

Lösungen

Kopiervorlage 29 → S. 38

1 *Rezeption des Romans bis 1945:* Von Sternburg sympathisiert mit Joseph Roth und stellt deshalb die beiden positiven Rezensionen von Ludwig Marcuse und Stefan Zweig vor. Laut Marcuse beschreibt Roth den Lebenslauf einer „unscheinbaren russisch-jüdischen Familie, […] der nicht in die Historie eingehen" werde. Aber das Buch sei „eins der stärksten Bücher, die er geschrieben" habe. Als Begründung führt er die neue Schreibweise Roths an: „,weil es die kühle Distanz seiner geistigen Optik verringert durch eine Wärme, die neu bei ihm ist.'" Stefan Zweig hebt zwei Aspekte des Romans hervor. Zum einen sei es die Schreibweise, die „große, gebändigte Einfachheit'", mit der er in „,einer denkbar einfachen (aber wissend kunstvollen) Weise die schlichteste aller Geschichten erzählt'", die er etwas später als „,die Biographie eines mittleren Menschen'" bezeichnet.

Für den *Zeitraum nach 1945* hat von Sternburg Heinrich Böll unter den positiven Kritikern gefunden. Er zitiert Heinrich Böll, der den „Hiob" charakterisiert als „,wohl eines der schönsten Bücher, das zwischen den beiden Kriegen erschienen ist.'" Allerdings ist auch er – ebenso wie Marcuse – mit dem Schluss des Romans unzufrieden.

2 *(Filmische) Adaption des Romans bis 1945:* Die amerikanische Verfilmung von 1934 ist beim Publikum durchgefallen, weil sie kaum noch etwas mit dem Original zu tun hatte. Andere Quellen als von Sternburg verweisen auf die dramatische Inszenierung von 1939 in Paris und New York, die hingegen zu einem Erfolg geworden sei.

Nach 1945 sorgte die Verfilmung von Michael Kehlmann von 1978 für Aufsehen. Eine Begründung für diese Aussage liefert Sternburg jedoch nicht.

Kopiervorlage 30 → S. 39

1 und 2 Folgende Aspekte werden durch die Besprechung Greiners bestätigt und vertieft:
- „Wendepunkt" im literarischen Schaffen Roths: „Abkehr von seinen zeitkritischen Romanen" (Z. 1 f.)
- Besonderheiten in der Sprache: „weil seine Sprache selten so […] konzentriert und ausgeruht war" (Z. 5 f.), „in einer Sprache, die ebenso einfach ist wie die Mendels" (Z. 29 f.)
- Gattungsaspekt: Legende: „weil die Gattung der frommen Legende" (Z. 8 f.)
- Gattungsaspekt: Märchen: „die sich zugleich aber naiv-raffiniert des Märchentons bedient" (Z. 30 f.)
- Protagonist: *„Geschichte eines einfachen Mannes"* (Hervorhebung im Original) (Z. 20 f.)
- Mythisierung von Geschichte: „ein Wunder, das nicht erklärt werden kann" (Z. 16)

Diese Ansichten sind neu und erweitern das Verständnis der im Roman behandelten Problematik:
- Literarische Technik: „Radikalisierung des Inneren Monologs" (Z. 23 f.)
- Erzählverhalten: „die Geschichte erzählt sich selber" (Z. 21 f.)
- Erzählverhalten: Statt auktorialem Erzähler „etwas, was man den objektiven Geist Mendels nennen könnte: ein wissendes begnadetes Über-Ich, Mendel Singers Engel" (Z. 27 f.)
- Identifikationsangebot an den Leser: „So endet der Roman, und das Glück Mendels ist auch das Glück des Lesers." (Z. 32 f.)

3 Die eigene Rezension der Schülerinnen und Schüler kann nicht antizipiert werden, jedoch sollte ihre Rezension auf folgende Aspekte eingehen:
- Hinweise zur Person und Schreibweise des Autors
- kurze Anmerkungen zu den Protagonisten (Inhaltsübersicht)
- Erläuterungen zur Sprache des Autors
- Würdigung der „Leistung des Autors"
- Persönliches (begründetes) Urteil und Leseempfehlung

Kopiervorlage 31 → S. 40

1 Aus dem Internet-Auftritt der Münchner Kammerspiele können die Schülerinnen und Schüler sich einen guten Eindruck von der Inszenierung verschaffen. Eventuell ergibt sich auch die Möglichkeit, Ausschnitte aus der DVD-Fassung im Unterricht zu zeigen.

Die angebotenen *Informationen* umfassen eine Beschreibung des Stücks, die Besetzungsliste sowie einige Szenenfotos. Das *Regiekonzept* kann aus dem Trailer bzw. der Verfilmung erschlossen werden und dürfte dem Regietheater zugeordnet werden. Der Internet-Auftritt hält zahlreiche Rezensionen (u. a.: Frankfurter Allgemeine Zeitung, Bayerische Staatszeitung, Süddeutsche Zeitung, www.nachtkritik.de) bereit, die alle positiv klingen und zum Einsatz der DVD im Unterricht ermutigen. Sollte die DVD in Auszügen gezeigt werden können, wäre den Schülerinnen und Schülern eine eigene Urteilsfindung möglich. Zusätzlich könnte noch einmal an die eigene Rezension angeknüpft und nach einer Bestätigung oder Änderung des getroffenen Urteils über den Roman gefragt werden.

Modul XI: Wiederholen und sichern

INTENTION	Im letzten Modul geht es darum, die wichtigsten Ergebnisse der Unterrichtseinheit zum „Hiob" so zu sichern, dass die Schülerinnen und Schüler eine gute Grundlage zur Wiederholung für die Klausur und das Abitur haben.
ZEITBEDARF	Doppelstunde (= 90 bzw. 120 Minuten)
MATERIAL	KV 32: Ein „Buddy-Book" anlegen
DIDAKTISCHE HINWEISE	Um die bisherigen Unterrichtsergebnisse zu wiederholen und zusammenzufassen, sollen die Schüler einen „Spickzettel" bzw. ein „Buddy-Book" anlegen. Nähere Hinweise zu dieser Form der Ergebnissicherung siehe unten. Ein solches „Buddy-Book" zwingt die Schülerinnen und Schüler dazu, die bisherige Unterrichtsarbeit noch einmal zu rekapitulieren und vor allem, die bislang erarbeiteten Ergebnisse knapp und übersichtlich schriftlich zu fixieren.

ZIELVORSTELLUNGEN/ KOMPETENZ-BESCHREIBUNGEN	Die Schülerinnen und Schüler erwerben und verfügen über folgende Kompetenzen. Sie - wiederholen ihre Interpretationsergebnisse - wählen das Wesentliche aus und halten die Ergebnisse schriftlich fest
SOZIALFORM	Einzelarbeit/Partnerarbeit/Unterrichtsgespräch
METHODISCHES VORGEHEN/ HINWEISE ZUR ERSTELLUNG DES BUDDY-BOOKS	1. Zunächst falten die Schülerinnen und Schüler ein weißes DIN-A4-Blatt dreimal, erst quer, dann längs und dann wieder quer. Dabei jedes Mal den Falz mit einer scharfen Kante oder dem Fingernagel nachziehen (lassen), damit sich am Ende der Erstellung des Buddy-Books die fertigen Seiten gut blättern lassen. 2. Wenn das Blatt korrekt gefaltet wurde, zeigt es beim Auseinanderfalten einen mittleren Längsfalz und drei Querfalze und weist acht Felder auf. 3. Im nächsten Schritt falten die Schülerinnen und Schüler das Blatt nun wieder zusammen und trennen das Blatt von der geschlossenen Kante her an der Mittellinie bis zum ersten Querfalz durch. Die zuvor aufgerissenen oder aufgeschnittenen Blätter müssten sich vorn und nach hinten öffnen und ein offenes Quadrat bilden. Mit leichtem Druck nach innen wird das Quadrat geschlossen und es entstehen so vier „Doppelseiten". Jetzt müsste ein kleines Booklet mit acht freien Seiten vor den Schülerinnen und Schülern liegen. 4. Die Schülerinnen und Schüler werden nun aufgefordert, zu überlegen, wie sie ihr „Buddy-Book" sinnvoll mit den wichtigsten Informationen zu folgenden Aspekten des Romans füllen können: Inhalt / Die Figurenkonstellation und -konzeption / Erzählweisen / Sprache und Stil / Aufbau der Handlung / Zeit- und Raumgestaltung / Themen und Gegenstände / Genreaspekte / Deutungs- und Adaptionsversuche 5. Die Schüler überlegen sich Lösungen, tauschen dann ihre Booklets aus, überprüfen und ergänzen abschließend ihre Aufzeichnungen.

Lösungen

Kopiervorlage 32 → S. 41

Folgende *Kurzzusammenfassungen* wären im „Buddy-Book" vorstellbar:

Kurzinformationen zum Roman und zum Inhalt
Informationen: Der Roman erschien 1930 und war mit einem Verkauf von 20 000 Exemplaren recht erfolgreich. Von der Kritik wurde er sehr unterschiedlich aufgenommen. Einigen wenigen positiven Besprechungen standen zahlreiche negative Besprechungen gegenüber
Inhalt: Der Roman schildert das Leben des Ostjuden Mendel Singers und seiner Familie, die den miserablen sozialen und wirtschaftlichen Bedingungen in Galizien entfliehen möchten. Die Familie wandert nach Amerika aus. Den einzelnen Familienmitgliedern gelingt es unterschiedlich, in der neuen Heimat Fuß zu fassen.
Mendel und seine Frau Deborah verlieren jede Orientierung und fühlen sich fremd und verlassen. Mendel findet erst wieder zur alten Identität und zu seinem Glauben zurück, als der verloren geglaubte jüngste Sohn Menuchim wieder auftaucht und ihn aus New York in die alte Heimat (Galizien) zurückholen will.
Die Kinder Sam und Mirjam passen sich an die amerikanische Lebensweise an, werden damit aber nicht glücklich.

Die Figurenkonstellation und -konzeption
Figurenkonstellation: Mendel Singer ist ein russischer Jude, der nach vielen Schicksalsschlägen am Ende wieder zu Gott zurückfindet, nachdem er zwischenzeitlich sein Vertrauen in Gott verloren hatte. Deborah, seine Ehefrau, ist eine fürsorgliche Mutter, die sich insbesondere um den erkrankten Jüngsten kümmert.
Jonas, der ältere Sohn, löst sich von der Familie und der jüdischen Tradition und geht zum russischen Militär. Der jüngere Sohn Schemarjah (Sam) wandert aus und findet in Amerika sein neues „Vaterland", für das er im Ersten Weltkrieg fällt.
Die Tochter Mirjam genießt in Amerika die sexuelle Freiheit und sucht nach Selbstverwirklichung. Ihre Assimilationsbemühungen misslingen, weil die vielen Freiheiten sie überfordern.
Menuchim, der jüngste Sohn, ist lange krank und das Sorgenkind der Familie. Nach der Genesung wird er zu einem anerkannten Musiker. Ihm gelingt es, die kulturelle Identität zu bewahren und trotzdem in Amerika erfolgreich zu sein.

Erzählweisen/Sprache und Stil
Erzählverhalten: Roths Erzähler berichtet überwiegend auktorial, zuweilen jedoch auch personal und gibt dann Einblicke in das Innenleben seiner Personen. Als Darstellungsformen wählt er Berichte, Beschreibungen, szenische Darstellungen, Briefe und Kommentare.
Der Roman ist in einfachen, parataktischen Sätzen erzählt, die aber sprachlich sehr bewusst gestaltet sind. Roth setzt eine Vielzahl rhetorischer Figuren (Wiederholungen, Anaphern, Vergleiche, usw.) ein und erzielt damit eine atmosphärisch verdichtete Stimmung.
Bei der Erzählweise fällt auf, dass der Autor seinen Erzähler bei besonderen (wichtigen) Anlässen vom Präteritum ins Präsens wechseln lässt.

Aufbau der Handlung
Aufbau der Handlung: Der Roman ist in zwei Teile gegliedert. Der erste Teil spielt in einem ostjüdischen Schtetl, der zweite Teil in New York. Im Mittelpunkt beider Teile steht Mendel Singer, der einfache Mann. Die Handlung wird chronologisch einsträngig und linear erzählt. Strukturierendes Element der Handlung sind die Bezüge des Titelhelden zum biblischen Hiob, seine wechselvolle Beziehung zu Gott, die schwankt zwischen vollkommener Zuversicht in Gott, Abwendung von Gott, und erneute Hinwendung.

Zeit- und Raumgestaltung
Die beiden zentralen *Schauplätze* des Romans sind kontrastiv angelegt. Der erste Teil des Romans spielt in einem ostjüdischen Schtetl in Zuchnow in Galizien an der russisch-österreichischen Grenze, der zweite Teil in einem jüdischen Wohnviertel in New York. Sie repräsentieren die „alte" und die „neue" Heimat der Familie, die jedoch an keinem Ort richtig heimisch wird. So wird die galizische Landschaft von den jüdischen Bewohnern kaum wahrgenommen, weil sie hier nicht „heimisch" fühlen. Sie richten ihren Blick immer wieder auf den blauen Himmel (Firmament), wo ihr Gott wohnt. Von ihm erhoffen sie die Sicherung ihrer irdischen Existenz und Hilfe und Erlösung im Jenseits.
Die *Zeitgestaltung* ist chronologisch. Die Handlung wird fortlaufend erzählt, aber immer wieder unterbrochen durch große Zeitsprünge. Sie erstreckt sich über ca. zwanzig, fünfundzwanzig Jahre vom Ende des 19. Jahrhunderts bis nach dem Ersten Weltkrieg.

Themen und Gegenstände
Themen sind unter anderem Leben im ostjüdischen Schtetl und Leben in Amerika, jüdische Religiosität, Gottergebenheit und Gottesferne, Wunder und Wunderglaube, Mendel als moderner Hiob, Suche nach Heimat und Heimatlosigkeit, Amerika als (Auswanderer)Vision, Bewahrung der kulturellen und religiösen Vorstellungen oder Anpassung an die amerikanische Lebensweise, traditionelle oder selbstbestimmte Frauenrolle, Assimilation und Identität(sverlust), Leben und Tod sowie Krieg.

Gattungsaspekte
Der Roman enthält Elemente verschiedener epischen *Genres* wie Legende, Märchen und Parabel. Insbesondere der Schluss trägt märchenhafte Züge. Lesen lässt sich der Roman aber auch als zeitlose Parabel der Heimatlosigkeit des Ostjudentums.
Seit seinem Erscheinen hat der Roman unterschiedliche *Deutungen* („Jüdischer Roman", Roman der Assimilation, „Roman des kleinen Mannes") erfahren.

Deutungs- und Adaptionsversuche
Neben den überwiegend erfolgreichen dramatischen *Inszenierungsversuchen* von 1939 bis in die jüngste Vergangenheit hat es *Verfilmungen* gegeben, die unterschiedliche Erfolge erzielt haben. Die amerikanische Version aus den 1930er-Jahren enttäuscht die Zuschauer und die Liebhaber von Roths Roman. Die dreiteilige *Fernsehfassung* des österreichischen Regisseurs Michael Kehlmann vermag das Publikum zu begeistern und trägt zu einem größeren Bekanntheitsgrad des Autors bei.

Hinweis zur Übungsklausur (KV 33)

Die Übungsklausur für Schülerinnen und Schüler (KV 33) wird in dem Heft „Klausurtraining Hiob" in allen Arbeitsschritten exemplarisch erschlossen: Mithilfe des Heftes lassen sich die einzelnen Arbeitsschritte, an deren Ende der Aufsatz steht, nachvollziehen. Eine Musterklausur zeigt, wie ein fertiger Schüleraufsatz zu der gestellten Aufgabe aussehen könnte.

1. → 2. → 3. → **4. Gliederung erstellen** → 5. → 6.

Orientieren Sie sich an der Struktur der ersten Musterklausur, um die Gliederung zu erstellen. Eine Einordnung der Textstelle in den Kontext können Sie hier nicht vornehmen.

Vervollständigen Sie die inhaltlichen Aspekte der Gliederung auf der Grundlage der Vorarbeiten.

Einleitung:
Autor, Textsorte, Thema (Amerikavision), Entstehungszeit und ihre Bedeutung

Hauptteil:
1. Teilaufgabe: Textanalyse mit Schwerpunkt: Bedeutung Amerikas für die Ostjuden
a) Amerika – (anscheinend) das gelobte Land – Aufbau einer Illusion
…
b) Hoffnung auf Überfahrt, Gedanken zum „American way of life"
…
c) Desillusion am Ende
…
d) Melancholisch-schwermütiger Ton in der Darstellung (kann den Punkten a)–c) auch vorangestellt oder in diese integriert werden)

2. Teilaufgabe: Überprüfung der Ergebnisse am Roman
a) Handlungsaspekte, die Roth aus dem Essay in den Roman übernimmt
…
b) Inhaltliche Unterschiede zwischen Essay und Roman
…
c) Essay 1927 – Roman 1930: unterschiedliche Darstellungs- und Wirkungsweise
…

Schluss:
Joseph Roths Amerikabild – Schlussfolgerungen aus Essay und Roman

1. → 2. → 3. → 4. → **5. Klausur schreiben** → 6.

Schreiben Sie auf der Grundlage Ihrer Vorarbeiten nun die Klausur.

Einleitung:
Der Autor Joseph Roth – selbst Ostjude – stellt in dem 1927 verfassten Essay „Ein Jude geht nach Amerika", der hier in Auszügen vorliegt, dar, wie die Illusion von Amerika als dem gelobten Land für im kärglichen Schtetl lebende Ostjuden zu einem rettenden Anker werden kann. In seinem Text bleibt dieser Traum aber eine melancholische Gedankenreise, die nie in die Tat umgesetzt wird und am Ende in einer Desillusionierung endet. Der Titel des Essays (indikativisch formuliert) ist also zunächst für den Leser irritierend.
Das Amerikabild dieses Essayauszuges gilt es im ersten Teil dieser Klausur zu analysieren; im zweiten Teil soll überprüft werden, inwieweit der Autor Roth das Amerikabild dieses Essays drei Jahre später aufgegriffen hat, um es in seinem Roman „Hiob" zu entfalten. Eine persönliche, essayistische Abhandlung und ein literarischer Text müssen also hier in Beziehung gebracht werden.